Frauengeschichte im Archiv

40 Jahre Gosteli-Stiftung

D1722961

Inhalt

Zum feierlichen Geleit

Am 20. August 1982 unterzeichnete Marthe Gosteli in einem Notariatsbüro am Casinoplatz in Bern die Stiftungsurkunde der Gosteli-Stiftung. Kernaufgabe der Stiftung sollte die Sicherung des «Archivs der schweizerischen Frauenbewegung» auf dem Gut der Familie Gosteli in Worblaufen sein. Der Stiftungszweck ist allerdings breiter formuliert und hält fest: «Förderung der Unabhängigkeit, der Zusammenarbeit, des gegenseitigen Verständnisses sowie der Solidarität in der Öffentlichkeit wirkender Frauen (...).» Und weiter: «Parteipolitische Unabhängigkeit muss gewährleistet sein». Als Betriebskapital setzte Marthe Gosteli 20 000 CHF ein. Sowohl der offene Stiftungszweck als auch dessen Konkretisierung in der Gründung eines Archivs zeugen von Erfahrungen und Einsichten einer Generation von Frauen, die wir mit der vorliegenden

Publikation zum vierzigsten Geburtstag der Gosteli-Stiftung würdigen wollen.

Als 1971 das Frauenstimm- und -wahlrecht von den männlichen Stimmberechtigten endlich angenommen wurde, war die Erleichterung bei Marthe Gosteli und ihren Mitstreiterinnen gross. Eine jahrzehntelange Leidensgeschichte nahm ein Ende. Frauen durften nun abstimmen und wählen und sie konnten auch für politische Ämter kandidieren. Marthe Gosteli selbst liess sich für die damalige Bauern- und Gewerbepartei (BGP) als Kandidatin für den Nationalrat aufstellen, gewählt wurde sie nicht. Im Wahlherbst 1971 wurden elf Nationalrätinnen und eine Ständerätin gewählt. Das Frauenstimm- und -wahlrecht strukturierte die Landschaft der Frauenbewegung neu. Die grossen Dachverbände wie zum Beispiel der Bund Schweizerischer Frauenvereine oder der Schweizerische Gemeinnützige Frauenverein blieben zwar bestehen, viele Frauen engagierten sich aber nun zusätzlich oder überhaupt erstmals in Parteien und in der parlamentarischen Politik. Dadurch entstanden auch neue Loyalitäten und politische Gräben, während zuvor die gemeinsame Rechtlosigkeit Frauen über soziale und politische Unterschiede hinweg geeint hatte. Dazu kam die Kritik einer jüngeren Generation bewegter Frauen, die sich in den Jahren nach 1968 mit neuen Aktionsformen Gehör verschaffte.

Marthe Gosteli erlebte die Zeit nach 1971 auch als Zeit der Spaltung und Schwächung der Frauenbewegung. Ein schmerzhafter Prozess. Noch nie war es leicht gewesen, alle Frauen unter einem Dach zu vereinen, denn auch Frauen hatten jenseits der Forderung ihrer politischen Rechte unterschiedliche Anliegen und waren sich keineswegs qua Geschlecht immer einig in gesellschaftspolitischen oder strategischen Fragen. Seit der Entstehung der organisierten Frauenbewegung ab Mitte des 19. Jahrhunderts sind Spaltungen und Uneinigkeit Teil dieser bewegten Geschichte: So wollten etwa weder der Schweizerische Arbeiterinnenverband noch der Gemeinnützige Frauenverein dem 1900 neu gegründeten Bund Schweizerischer Frauenvereine beitreten. Auch Generationenwechsel gingen in der

Simona Isler und Lina Gafner, Co-Direktorinnen Gosteli-Stiftung

«Zusammenarbeit und Solidarität funktionieren nicht ohne gegenseitiges Verständnis, das wiederum nicht ohne dokumentierte Geschichte denkbar ist.»

Geschichte der Frauenbewegung kaum je reibungsfrei vonstatten. Immer wieder gab es aber auch Gemeinsamkeiten und verbindende Themen und Forderungen. Um «Zusammenarbeit», «gegenseitiges Verständnis» und «Solidarität» musste von Anfang an und immer wieder gerungen werden. Diese von Marthe Gosteli bestimmten Zwecke ihrer Stiftung sind keine Selbstverständlichkeit, sondern harte Arbeit.

Das vor vierzig Jahren gegründete Archiv ist ein wichtiger Beitrag zur Förderung dieser Grundsätze. Marthe Gosteli hatte pointierte politische Überzeugungen und sie konnte durchaus gut streiten. Aber das von ihr gegründete Archiv sollte ein Ort sein für das gesamte Spektrum der Frauenbewegung über politische, soziale, konfessionelle, sprachliche und andere Gräben hinweg: Die Unterlagen von allerhand Berufsverbänden, konfessionellen Hilfswerken, Stimmrechtskämpferinnen, Radikalfeministinnen, ländlichen Frauenvereinen, ja sogar von Frauenstimmrechtsgegnerinnen und vielen mehr sollten im Gosteli-Archiv eine Heimat finden. Marthe Gosteli war überzeugt: Zusammenarbeit und Solidarität funktionieren nicht ohne gegenseitiges Verständnis, das wiederum nicht ohne dokumentierte Geschichte denkbar ist.

Diese Weisheit feiern wir nun, vierzig Jahre danach und genau im richtigen Moment: Die Gosteli-Stiftung ist seit 2021 anerkannte Forschungsinfrastruktur von nationaler Bedeutung und wird als solche von Bund, Kanton Bern, der Gemeinde Ittigen und der Burgergemeinde Bern finanziell unterstützt, wie auch von treuen Spender:innen. Das Archiv zur schweizerischen Frauenbewegung kann somit, wohl zum ersten Mal in seiner vierzigjährigen Geschichte, ohne finanzielle Sorgen in die Zukunft schauen. Grund genug zum Feiern: mit einer wissenschaftlichen Tagung, den ersten Gosteli-Gesprächen am 19. August 2022 und einem farbigen Gartenfest im Archiv in Worblaufen tags darauf. Die vorliegende Jubiläumspublikation ist der letzte Festakt zu diesem eindrücklichen Vierzigsten. Sie gibt in Bild und Wort punktuellen Einblick in die beiden Jubiläumsanlässe rund um die Themen Frauengeschichte und Archiv. Die hier versammelten Beiträge kreisen auch um Fragen, die bereits unsere Stifterin und viele Frauen vor ihr umgetrieben haben: Wie kann Gemeinsamkeit als Frauen funktionieren? In der Geschichtsschreibung, angesichts einer Kategorie «Frau», die «nie genug» zu sein scheint; und im Archiv, angesichts von Lücken, die mitunter schwer zu füllen sind?

Lina Gafner beschreibt in ihrem Beitrag die Schwierigkeiten, die mit dem Anspruch entstehen, ein Archiv wie auch ein Begegnungsort für das gesamte Spektrum der Frauenbewegung, für alle Frauen zu sein: Welche Feminismen hinterlassen Zeugnisse in Form von Papier? Welche Frauen trauen sich über die Schwelle des Gosteli-Guts, um mit Historikerinnen und Archivarinnen zu debattieren? Nicht alles wird uns gelingen, und doch stehen unsere Chancen vierzig Jahre nach der Gründung ausserordentlich gut, einige Lücken zu füllen und Schwellen aller Art abzubauen. Das Archiv der

Frauenbewegung soll als Ort der Begegnung, als Zusammenhangsort zwischen Papier und Haut, zwischen Vergangenheit und Gegenwart Geschichte schreiben.

Caroline Arnis Beitrag rekonstruiert die Geschichte der Frauengeschichte beginnend im späten 18. Jahrhundert. Frauengeschichte wie auch das Subjekt «Frau», so Arni, scheinen immer wieder auf unterschiedliche Weisen defizitär, nie genug: nicht allgemein genug, homogenisierend, nicht dekonstruktiv und nicht inklusiv genug. Arni schlägt in ihrem Beitrag vor, die Kategorie Frau nicht als überholt zurückzuweisen, sondern ihr kritisches Potential als Zusammenhangsbegriff zu nutzen, als Begriff also, der Differenz voraussetzt (nicht abstreitet!) und Kontinuität (nicht Identität!) zwischen unterschiedlichen Formen der Entrechtung postuliert. Verweisen die von Marthe Gosteli in der Stiftungsurkunde als Zwecke festgehaltenen Begriffe «Zusammenarbeit», «Verständnis» und «Solidarität» nicht genau auf solche in Zusammenhängen zu beschreibende Differenzen und Kontinuitäten zwischen Frauen? Womöglich liegt der zukunftsweisende Zusammenhangsbegriff «Frau» gar nicht weit, sondern lässt sich in zahlreichen Varianten finden im Archiv, das aus der Anstrengung geboren wurde, Verbindungen aufzuzeigen und zu schaffen.

Anstrengung in Lachen auflösen – das gelingt Sandra Künzi, die auf den Text von Caroline Arni reagiert und wie schon an der Tagung in überdeutliche Worte fasst, was Forscherinnen als subtiles Gefühl und gut gehütetes Geheimnis bestens kennen: Diese Kombination aus Lust und Überforderung, wenn wir Texte lesen, die wir immer wieder neu verstehen und die uns auch immer wieder neu entgleiten. Kein Problem: Sandra Künzi übersetzt in unmissverständliche Bilder und wir dürfen uns entspannen.

Auch Verena E. Müller baut Schwellen ab, damit sie andere überwinden können. Sie hat Corinne Rufli, mit der sie in dieser Publikation ein Generationengespräch führt, den Weg bereitet ins Gosteli-Archiv und zu den frauenliebenden Frauen, die nicht auf den ersten Blick als solche erkennbar sind. Das Gespräch handelt auch von der Beziehung zwischen Forscherinnen und den Menschen, für die sie sich interessieren. Beziehung entsteht dabei nicht nur zwischen Lebenden (etwa bei Oral-History-Projekten), sondern auch zu Frauen, deren Vermächtnis längst auf Papier archiviert ist. Wieso richtet sich bei Müller der Fokus auf berufliche und bei Rufli auf private Fragen? Ohne sich selbst in einem historischen Zusammenhangsgeflecht zu reflektieren, lässt sich diese Frage kaum beantworten.

Eine in vielerlei Hinsicht wichtige Beziehungsform für Frauen der Frauenbewegung ist die Freundschaft. Tobias Urech gibt uns mit seinem Beitrag zu Agnes Debrit-Vogel und Cécile Lauber einen Einblick in die Korrespondenz zwischen den beiden und eine Ahnung von der Bedeutung ihrer Freundschaft. Diese beinhaltete Liebe, Leidenschaft und die Möglichkeit eines selbstbestimmten Lebens. Selbstbestimmung durch Beziehung? Eine Zusammenhangs-Erfahrung von Frauen, über die nachzudenken sich lohnt.

Tobias Urech und Corinne Rufli forschen beide zu Lesbengeschichte, sind auch beide aktivistisch unterwegs, haben aber ganz unterschiedliche Zugänge zu den Quellen. Ruth Ammann spürt im Gespräch mit den beiden der Rolle des Begehrens, des Privaten und der Beziehungen in der Geschichtsschreibung nach. Und sie bittet um eine Einordnung: Was genau leistet die Lesbengeschichte? Braucht es sie noch – oder kann sie in der Queer History aufgehen?

Frauengeschichte stiftet Erkenntnis, schafft Beziehungen und leistet Vergemeinschaftung. Dies zeigen die Beiträge der vorliegenden Publikation eindrücklich. Damit Frauengeschichte auch in Zukunft spannende Perspektiven eröffnen und wichtige Brücken bauen kann, braucht es das Gosteli-Archiv. Wir sind stolz und dankbar, diese Verantwortung in den kommenden Jahren zusammen mit dem Gosteli-Team und vielen Mitstreiter:innen tragen zu dürfen.

Lina Gafner und Simona Isler, Co-Direktorinnen Gosteli-Stiftung

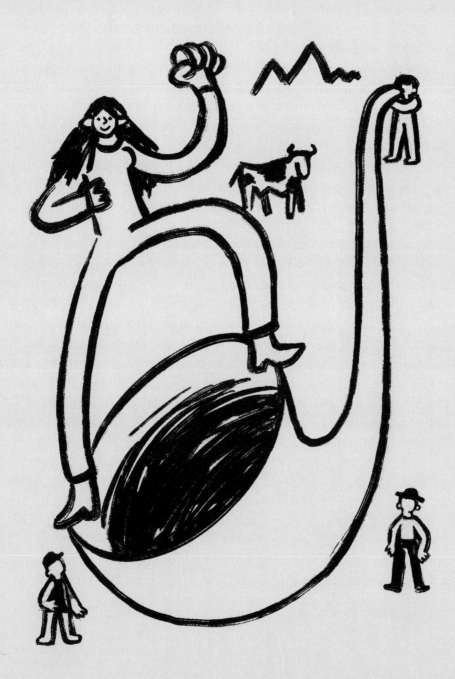

Haut und Papier, Beharrlichkeit und Phantasie. Quellen für den «Austausch zwischen Lebenden»

Lina Gafner

Die Schwelle

Könnte ich da auch einfach hineinspazieren? Das fragte mich eine Freundin, als wir auf meine neue Stelle als Co-Leiterin des Gosteli-Archivs ein Glas Wein tranken. Die Frage ist einfach, die Antwort ist es nur auf den ersten Blick. Ja klar, ein Archiv ist öffentlich. Solange du dich an die Öffnungszeiten hältst, darfst du da reinspazieren und ... und dann? Dann wird die Antwort schwieriger, die Schwelle ins Archiv ist doch recht hoch.

Vor meinem inneren Auge überquert eine Frau das Rasenstück, zögert kurz vor der Treppe und dann noch einmal vor der massiven Eichentüre, drückt schliesslich doch die Klinke und findet sich im Foyer des «Wohnstocks» wieder, wie Marthe Gosteli das Haus zu nennen pflegte, das ihre Grosstante 1884 auf das Bauerngut der Familie hat bauen lassen.

Und dann? Dann wird dich die Ehrfurcht vor einer Unzahl an Büchern wohl rasch verstummen lassen, so wie sie mich verstummen liess, als unsere Tutorin uns im ersten Semester durch die Unibibliothek führte. All das Wissen, das nicht meins ist – wie soll es meins werden?

Schachteln voller Geschichte(n)

Bücher haben immerhin einen Titel auf dem Rücken, der mir etwas sagt. Aber im nächsten Raum warten die Archivschachteln. Die Ehrfurcht wächst ins Unermessliche und mischt sich mit etwas Indifferenz. Alte, staubige, tote Dokumente, wie sie auf Estrichen und in Büros herumliegen. Was soll ich damit anfangen? Das sind nicht die Worte meiner Freundin, sie liegen einfach in der Luft. Ein Archiv mag viele Antworten anbieten – aber ohne die passenden Fragen bleibt es stumm. Wie wir das Archiv zugänglicher machen, wie wir Schwellen herabsetzen können, diese Frage wird mich, wird uns umtreiben.

Die Lücke

Gelangt der Feminismus, mit dem ich aufgewachsen bin, ins Archiv? Meine Mutter hat als Wirtin auf dem Land jahrzehntelang und unermüdlich mit Männern am Stammtisch, mit Jodlervereinen und Schützen, Kleinbauern und Kleingewerblern, Lehrern und Ärzten die Klingen gekreuzt. Sie war kompromisslos und liess sich nichts gefallen. 1991 brachte sie den Frauenstreik aufs Land, gründete eine Frauenbeiz, einen Mittwochabend pro Monat im Landgasthof, der den Frauen vorbehalten war, die sonst kaum auftauchten. Sie stand im

Verdacht, den Frauen dort ihre Männer «verleidig» zu machen, sie vielleicht sogar zum Lesbentum zu bekehren.

Sie wurde zur Anlaufstelle für Frauen, die wegen ihrer Scheidung mit einem Bauern vor dem existenziellen Nichts standen. Für eine Frau, die aus den Philippinen bestellt, in einem Eheverhältnis zu überleben versuchte. Für Frauen, die eine unkomplizierte Arbeit, eine starke Freundin, eine Fürsprecherin in einem von Männern regierten Dorf brauchten. Meistens hatte es meine Mutter im Beizenalltag aber mit Männern zu tun und in der Öffentlichkeit stand sie nicht. Trotzdem war und ist sie in meinen Augen Teil der Frauenbewegung. Sie hat vieles und viele bewegt und tut es noch.

All das wird niemals den Weg in eine Archivschachtel finden. Was ist Öffentlichkeit? Und was ist mit den Geschichten von Karmen, von Fatma, was mit der Geschichte von Simeon? Was und wer ist die Frauenbewegung?

Ich habe im Studium gelernt, was eine soziale, was eine feministische Bewegung ist, und auch versucht zu verstehen, wie eine Bewegung historisch fassbar werden kann. Und doch blieb für mich immer diese nie schliessbare Lücke zwischen dem Vereinsprotokoll, dem Brief, der Publikation und dem, was ich erlebte, was jede Bewegung ausmacht: dem Gesprochenen, der Wut des Augenblicks, den Verletzungen und der Beharrlichkeit, den Tränen und Umarmungen. Es bleibt die Lücke zwischen Papier und Haut.

Ein Archiv darf und muss lückenhaft sein – doch welche Lücken wir zulassen und welche wir schliessen wollen und können, diese Fragen werden uns in den kommenden Jahren beschäftigen.

Der Hügel

Von der Erhebung des Altikofen-Guts schweift der Blick weit übers Umland. Jahrhundertelang haben die Gostelis dieses Land bewirtschaftet.

Heute kreuzen Autobahn, Zuglinie, unzählige Einfamilienhäuser und Wohnblöcke den Blick. Aber die Weite ist dennoch geblieben. Von hier aus lässt sich bestens beobachten, kommentieren, bewirtschaften, umschreiben, neu schreiben, Frauengeschichte weitertreiben, Stachel im Fleisch der Geschichte sein, indem hier schlicht das Material dafür gehortet und gehütet wird. Hier, mitten in Matten, mit skeptischer Distanz zum politischen Zentrum des Landes, lässt sich das Partikulare bestens universalisieren, lässt sich Frauengeschichte verallgemeinern und in die Welt schicken.

Und hierher lässt sich einladen: Den Weg auf den Hügel für Führungen finden Schulklassen, Berufsverbände, Freizeitvereine, Serviceclubs, Freundinnen – Frauengruppen aller Art und aller politischen Couleur. Sie alle interessieren sich für Aspekte ihrer Geschichte, Aspekte der Frauengeschichte. Dann finden bewegende Begegnungen statt, zwischen Geschichte und Gegenwart, Papier und Haut.

Marthe Gosteli, die bis vor einigen Jahren selbst Gastgeberin war, hat die Seite gewechselt, von der Haut zum Papier, reiht sich mit ihrer Hinterlassenschaft ein unter all die Frauen, die sie so bewundert hat und denen sie einen Ort, ein Gedächtnis gegeben hat.

Die Aufgabe der Geschichtsschreibung, des Archivs, unsere Aufgabe ist es nun, ihren riesigen Nachlass, ihr Archiv, das Verblichene und Vergangene produktiv zu machen, im Sinne von Michel de Certeau, um einen «échange entre vivants»,[1] einen «Austausch unter Lebenden» zu ermöglichen, um die Geschichte mit gegenwärtigen Debatten, die Toten mit den Lebenden – und diese untereinander zu verweben.

Der Zweck

Vor vierzig Jahren, am 20. August 1982, unterzeichnete Marthe Gosteli die Stiftungsurkunde. Sie wollte mit ihrem Erbe die Unabhängigkeit, Zusammenarbeit, das gegenseitige Verständnis und die Solidarität zwischen in der Öffentlichkeit wirkenden Frauen fördern. Mich berührt dieser Stiftungszweck in seiner Formulierung ungemein.

Marthe Gosteli hat mit ihrem Engagement für das Frauenstimmrecht erlebt, was es heisst, in der Öffentlichkeit zu stehen und auch herabgesetzt zu werden. Sie hat harte Auseinandersetzungen geführt und Momente der inhaltlichen und strategischen Uneinigkeiten von Frauen und Frauenorganisationen am eigenen Leib erfahren.

Und sie war Zeugin, als ein wichtiges Paradigma des politischen Engagements von Frauen – auch dank ihrem Engagement – ins Wanken geriet: Mit dem Stimm- und Wahlrecht verlor die überparteiliche Zusammenarbeit der Frauen ihre Relevanz und Stärke. Sie kannte die Macht der Frauen, die ihnen aus der breiten Allianz heraus erwachsen kann; daran dürfte sie gedacht haben, als sie den Stiftungszweck formulierte: «Ich bin ja eine bürgerliche Frau, aber geprägt von einer tollen Zusammenarbeit von Frauen aus allen Lagern. Bevor die Frauen verschiedenen Parteien angehörten, war es einfacher, dass alle für die Durchsetzung eines Anliegens am gleichen Strick zogen. Etwa als wir 1968 unisono von links bis rechts gegen die Unterzeichnung der Europäischen Menschrechtskonvention ohne Frauenstimmrecht eintraten.»[2]

Was mit Frauen passiert, die in der Öffentlichkeit diskreditiert werden, wissen wir heute besser denn je. Nicht nur sie, sondern wir alle sind auf jene von Marthe Gosteli geforderte Zusammenarbeit und Solidarität unbedingt angewiesen. Wir haben diese Solidarität und Zusammenarbeit sicher alle schon erlebt. Ich persönlich – und ich glaube, ich bin nicht die Einzige – ich werde den Frauenstreik 2019 für immer mit diesem Gefühl verknüpfen.

Die Vision

Wir stehen mit unserer Arbeit am Anfang – zugleich natürlich auf den Schultern von Riesinnen. Manche Aufgaben, die sich uns heute im Gosteli-Archiv stellen, haben sich auch unseren Vorgängerinnen gestellt – und zugleich stehen wir hier und heute unter ganz neuen Sternen. Unter fantastischen Sternen, weil «das Gosteli», wie es oft liebevoll genannt wird, finanziell jetzt sehr gut dasteht, dank all jenen Historiker:innen, Politiker:innen und Sympathisant:innen, die sich rechtzeitig und hartnäckig dafür eingesetzt haben. Aber wir stehen auch vor neuen Herausforderungen, die das digitale Zeitalter mit sich bringt und für die sich die Archivwelt zurzeit wappnet.

Wir, das ganze Team des Gosteli, sind dabei, uns hohe Ziele zu setzen, um das Archiv als Ort der Frauengeschichte breiter zu etablieren und strahlen zu lassen. Wir nehmen uns Beharrlichkeit vor, aber auch viel Phantasie, um auf neue Ideen zu kommen und auf neue Fragen. Denn wir wollen nicht nur ein Ort sein, der Antworten anbietet – sondern auch einer, der Fragen stellt und der das Fragenstellen anregt.

«Wir sehen das Gosteli als Ort, der den Frauen unüberhörbar versichert, dass das, was sie tun, wichtig und geschichtsträchtig ist.»

Wir müssen und wollen uns Gedanken machen zu dem, was dieses Archiv definiert und in Zukunft definieren soll. Darüber, was Frauenbewegung ist und was sie braucht, was Öffentlichkeit heute bedeutet, welche Erinnerungskultur wir leben und fördern wollen und welche Rolle das Gosteli in diesem Zusammenhang spielen soll und kann.

Vor unserem inneren Auge sehen wir das Gosteli als Ort, den jede Frauenorganisation, jede feministische Gruppierung, jede Aktivistin und vielleicht sogar jede Schülerin in der Schweiz als Ort ihrer Geschichte kennt. Wir sehen das

Gosteli als Ort, der den Frauen unüberhörbar versichert, dass das, was sie tun, wichtig und geschichtsträchtig ist. Als Ort, wo das aufbewahrte Wissen genutzt und in Geschichte verwandelt wird.

Wir sehen das Gosteli als Ort des Lernens, der Begegnung und der Debatte zwischen Frauen unterschiedlicher Generationen, sozialer und geografischer Herkunft oder politischer Einstellung. Als Ort, wo Auseinandersetzungen geführt, Erkenntnisse gewonnen, Allianzen geschmiedet werden. Als Ort, wo Zusammenarbeit geübt und Solidarität gelebt wird.

Und wir wollen feiern: die historischen Erfolge, die historischen Allianzen, die historischen Frauen – und jene von heute.

Nie genug
Das Problem
mit der
Frauengeschichte[1]

Caroline Arni

Die Geschichte ist ein wilder Mann

Um die Mitte des 19. Jahrhunderts schrieb der französische Historiker Jules Michelet: «L'Histoire, que nous mettons très sottement en féminin, est un rude et sauvage mâle, un voyageur hâlé, poudreux.»[2] Die Geschichte, die wir – übrigens auch im Deutschen – törichterweise mit einem weiblichen Geschlecht versähen, sei also in Wahrheit ein Mann, und zwar ein rauer und wilder Mann, ein wettergebräunter, staubiger Reisender.

Dieser Reisende ist einmal mehr, einmal weniger einfallsreich – jedenfalls führt er diejenigen, die er mit sich nimmt, gelegentlich zweimal an denselben Ort (was freilich nie dasselbe ist, denn wer wiederkommt, war schon einmal da). Mit den eben vorgetragenen Zeilen zu Michelet nämlich habe ich im Juni 2000 eine Rede im Gosteli-Archiv eingeleitet. Der Auftrag lautete damals: Als «junge» Historikerin etwas sagen, und das hiess: als eine, die sich mit dem herumschlug, was man «aktuelle Theorien» nannte.

Tatsächlich hatte ich einige Jahre zuvor ein Buch namens *Gender Trouble* gelesen und gemeinsam mit einer Freundin rezensiert.[3] Das Buch hatte mir ein Freund geschenkt, der auf dem Laufenden war und es mit folgender Widmung versah: «Free your mind and your ass will follow.» Ich war ein bisschen peinlich berührt und wusste auch nicht genau, wie ich die Widmung auffassen sollte – sie hatte also ihren Effekt erzielt.

Später brachte ich in Erfahrung, dass es sich bei diesem Aphorismus um den Titel eines Albums von *Funkadelic* aus dem Jahr 1970 handelte. Er wird dem Musiker George Clinton zugeschrieben, der damit vermutlich eine Äusserung von Martin Luther King aufgriff: «As long as the mind is enslaved, the body can never be free.»[4] Angesichts dessen, was mir das Buch abverlangen sollte, war die Widmung dann doch wohltuend klar – und auch etwas kränkend: Immerhin wusste der Schenkende den mir bevorstehenden Aufwand an vielfarbigen Stabilo Boss-Markierungen ganz einfach zu überspringen: Beiss du dich durch – hier schon mal vorweg, was dabei herauskommen wird.

Wenn ich hier versuche, anhand von persönlichen Erinnerungsfragmenten ein kleines Panorama aufzuziehen, so ist die Absicht simpel: Es geht mir darum zu bestimmen, von wo aus ich eine Reflexion über die Frauengeschichte anstellen möchte. Deshalb nochmals zurück zur Gosteli-Feierlichkeit vor mehr als zwanzig Jahren. Ich war gewarnt worden, dass Marthe Gosteli die «aktuellen Theorien» nicht besonders schätzen würde. Gemeint war das, was Eingeweihte damals als «Krise des Subjekts» diskutierten: Behauptet das Wort «Frau» zwangsläufig ein bestimmtes Frau-Sein? Und wenn ja: Ermöglicht oder limitiert dann der analytische und politische Einsatz der Kategorie «Frau» Kritik?[5] Fast deutlicher noch als die Verästelungen des Arguments erinnere ich die mit dieser Debatte verbundene Lust: Es war eine Lust am intellektuell Neuen und Anspruchsvollen, auch an der Provokation – und, ja, auch eine Lust am Besserwissen, die dem sich avantgardistisch gerierenden Bewusstsein immer eigen ist: Ja wisst ihr denn nicht, dass es Frauen gar nicht gibt? (Natürlich hat uns gerade der performative Widerspruch dieses Sprechakts angezogen.)

Jüngst hatte ich Anlass, auf diesen Moment zurückzukommen. Für einen Handbuchartikel über Geschlechtergeschichte habe ich eine Reihe von frühen frauengeschichtlichen Texten wiedergelesen – und manche davon erst gelesen, die damals, als ich studierte, so passé waren, dass ich sie nicht zu lesen brauchen meinte. Je länger ich nun las, desto vernehmlicher stellte sich mir eine Frage: Was aber war eigentlich das Problem mit der Frauengeschichte? Meine vorläufige Antwort steht im Titel dieses Beitrags: Die Frauengeschichte ist – so scheint es – nie genug. Immer fehlt ihr etwas, ist sie zu wenig vom einen, zu eng für das andere. Von diesem Befund wollte ich mich herausfordern lassen: Könnte es sein, dass genau dieses Nicht-Genug ihre kritische Kraft birgt? Mit dieser Frage im Gepäck will ich in zwei ersten Schritten die Geschichte der Frauengeschichte Revue passieren lassen. Diese Geschichte ist gut bekannt – ich rekapituliere sie hier mit Blick auf mögliche Revisionen allzu vertrauter Narrative.[6] In einem dritten und vierten Schritt komme ich vor diesem Hintergrund auf meine Frage zurück.

Frauengeschichte als Kritik

Es gibt nicht den einen Zeitpunkt, an dem die Frauengeschichte beginnt. Ich setze hier im späten 18. Jahrhundert ein: mit dem dort anhebenden Strom von Stimmen nämlich, die Freiheit und Gleichheit auch für Frauen einklagten, indem sie auf die historische Wandelbarkeit weiblicher Handlungsmacht hinwiesen.[7] Dass Frauen in der Geschichte durchaus unterschiedliche Handlungsspielräume hatten und dies auch unterschiedlich wahrnahmen, sollte die Behauptung widerlegen, nur Männer seien individuierungsfähig – woran nun bekanntlich Rechtsfähigkeit geknüpft wurde.[8] Bei diesem Argumentieren mit Geschichte lassen sich zwei Konfigurationen unterscheiden: Erstens wurde aus der Vielfalt historischer Geschlechterverhältnisse auf die soziale Irrelevanz überhistorischer körperlicher Unterschiede geschlossen. Zweitens wurden Unterschiede charakterlicher Art, insbesondere die sogenannten weiblichen Unzulänglichkeiten, als Effekt einer Geschichte männlicher Herrschaft erklärt.

Im 20. Jahrhundert finden wir diese Argumentation in programmatischen Formulierungen wieder: «Once we look to history for an understanding of women's situation», so Joan Kelly-Gadol 1976, «we are, of course, already assuming that women's situation is a social matter.»[9] Aus dem Argumentieren mit Geschichte wurde hier ein Forschungsprogramm, das erstens den Gegenstandsbereich des Geschichtlichen ausweitete und zweitens diese Ausweitung als Operation der Entnaturalisierung verfasste. Nochmals Kelly-Gadol: «A good part of the initial excitement in women's studies consisted of this discovery, that what had been taken as ‹natural› was in fact manmade, both as social order and as description of that order as natural and physically determined.»[10] Nicht zufällig war in diesen Jahren nebst der Geschichte vor allem die Ethnologie stichwortgebend für die Frauenforschung, zeigte sie doch ihrerseits im Gesellschaftsvergleich das Veränderliche und Veränderbare auf.[11]

Doch der kritische Impuls der frauengeschichtlichen Programmatik ging nicht in Entnaturalisierung auf. Eine Sozial- und Kulturgeschichte von Frauen (anstelle einer Naturgeschichte der Frau[12]) hätte sich leicht einfügen lassen in die historiographische Disziplin. Insbesondere die historische Sozialwissenschaft machte exakt dieses Angebot: Unter dem «grossen Dach der Sozialgeschichte» finde auch die Frauengeschichte Platz, so die Versicherung.[13] Dieses Angebot wurde nicht nur ausgeschlagen, weil es eher als Marschbefehl denn als Einladung daherkam (und wohl auch die begründete Annahme bestand, dass unter diesem Dach eher eine Kammer denn ein Zimmer bereitstehe). Viel grundlegender noch hatte das frauengeschichtliche Projekt in der Geschichtswissenschaft selbst ein Erkenntnishindernis ausgemacht. Wie alle Wissenschaften, so das Argument, sei auch sie androzentrisch strukturiert, identifiziere das Männliche mit dem Allgemeinen oder Universalen und das Weibliche mit dem Besonderen oder Partikularen, sodass «der» Mann immer mehr als sich selbst darstelle, während «die» Frau stets «nur» Frau bleibe.[14] Deshalb seien Frauen von der Geschichtsschreibung auch nicht vergessen oder übersehen worden. Vielmehr könnten sie in ihr gar nicht als solche vorkommen.[15]

Für das Selbstverständnis der Frauengeschichte war deshalb neben der naturalisierungskritischen Motivation ein spezifisches Verhältnis zum Fach zentral: Explizit wollte die Frauengeschichte ein Stachel im Fleisch der Geschichtswissenschaft sein – eine *herstory*, die alle bisherige *history* als *HIStory* kenntlich machte, indem sie neu Frauen zu historischen Subjekten erklärte. Damit stand im Prinzip alle bisherige historische

Erkenntnis zur Debatte: Gab es, so fragte etwa Kelly-Gadol 1976, die Renaissance auch aus der Perspektive der Frauen? Falls nicht: Kann dann überhaupt von einer Renaissance gesprochen werden?[16]

Nun arbeitete diese naturalisierungs- und geschichtskritische Frauengeschichte von Anfang an nicht nur mit dem historischen Subjekt «Frau». Praktisch jede programmatische Reflexion postulierte auch Geschlecht als soziale oder analytische Kategorie.[17] Das war zunächst eine schlichte Schlussfolgerung aus dem Befund, dass die üblichen sozialtheoretischen Kategorien das Spezifische an der historischen Situation von Frauen beziehungsweise die soziale Logik von Geschlechterverhältnissen nicht zu fassen bekamen. Weder waren Frauen (und Männer) eine Klasse, noch ein Stand oder eine Kaste. Es bedurfte also erstens einer eigenständigen Kategorie, die dann zweitens mit anderen Kategorien verschränkt werden konnte. Dafür nutzte die marxistische Historikerin Elizabeth Fox-Genovese 1982 die Denkfigur der Intersektion. Männliche Herrschaft, so formulierte sie, «intersects with all forms of subordination and superordination» – konkret: «classes, races, ethnic groups, and peoples».[18]

Kritik der Frauengeschichte

Je gebräuchlicher nun aber die historiographische Kategorie Geschlecht wurde und je mehr sie ins Zentrum auch der feministischen Kritik und Theorie rückte, desto einseitiger und unvollständiger erschien die Bezeichnung «Frauengeschichte». Frau hiess jetzt: «nur» Frauen.

Damit fiel innerhalb der feministischen Geschichtswissenschaft dasselbe Verdikt, das zuvor den Ausschluss von Frauen aus der Geschichtsschreibung begründet hatte: Sie seien nicht verallgemeinerungsfähig. Einmal mehr also verwies eine Geschichte der Frauen nur auf sich selbst – beziehungsweise: war nicht genug. Gewiss: Längst nicht jede frauengeschichtliche Untersuchung war dem erläuterten kritischen Anspruch gerecht geworden. Das Verdikt aber zielte auf die Frauengeschichte schlechthin und barg oder provozierte so auch ein folgenreiches Missverständnis. Das Argument nämlich, Frauengeschichte handle nur von Frauen, liess eine Kategorie in einem Gegenstand aufgehen, hatte doch «Frau» im oben erläuterten geschichtskritischen Sinn gerade nicht nur konkrete Frauen gemeint, sondern zugleich eine Perspektive, von der aus sich Geschichte anders darstellte und historische Narrative hinterfragen liessen.

Genau dieser kritische Sinn wurde der Frauengeschichte nun indirekt abgesprochen, indem von ihr gesagt wurde, sie zeichne sich dadurch aus, dass sie von Frauen handle, während eine Geschichte der Geschlechter zusätzlich auch Männer als Männer sowie Geschlechterverhältnisse zum Gegenstand zu machen vermöge. Das Charakteristische der Geschlechtergeschichte erschien so als ein Mehr, das die Defizite der Frauengeschichte behob und sich überdies auch durch grössere Theoriefähigkeit bewährte. Bezeichnete nämlich «Frau» als gewissermassen heisser Begriff auch eine politische Subjektivität, so versprach insbesondere das englische *gender* als **terminus technicus** kühle Analytik.[19] Dass dabei der Anspruch auf

Caroline Arni während ihrer Keynote an den Gosteli-Gesprächen,
August 2022

politische Relevanz durchaus nicht auf-
gegeben wurde, liess den Begriff «Frau»
gleich doppelt defizitär erscheinen: in
analytischer *und* emanzipatorischer Hinsicht. Und schliesslich stellte eine verge-
genständlichte Auffassung der Kategorie
Frau diese unter einen Homogenisie-
rungsverdacht, der sich zugleich aus
Praktiken und Strukturen der Ungleichheit
und Diskriminierung auch in der feministischen Praxis nährte. Von wem war
eigentlich die Rede, wenn von Frauen gesprochen wurde?[20]

So wurde die Kritik der Frauengeschichte zur eigentlichen Ressource einer
genaueren Bestimmung der Kategorie

Geschlecht, die auf mehr zielte als eine
Ausweitung von Gegenstandsbereichen.
Die Geschichte von Frauen – und er-
weitert auch von Männern – sei, so 1986
Joan W. Scott, limitiert mit Blick auf
die grundlegendere Frage, «how gender
operates historically».[21] In dieser Bestimmung bezeichnete *gender* eine historisch spezifische Operation der Unterscheidung – immer im Singular – und
übernahm die kritische Funktion, die
vormals die Frauengeschichte für sich
beansprucht hatte. Die Unterscheidung
nach Geschlecht galt nun nämlich
als logischer und historischer Ausgangspunkt – als primordiale Fundierung –

von Geschlechterverhältnissen und damit verbundenen Ungleichheiten, was der Kategorie Geschlecht die analytisch und auch politisch stärkere Hebelkraft attestierte. Dringlich sei, so Scott in diesem Sinn, die «Historisierung und Dekonstruktion der Begriffe der sexuellen Differenz».[22] Es wurde also nicht einfach eine Kategorie durch eine andere ersetzt. Vielmehr wurden «Frau» und «Geschlecht» in eine epistemologische und emanzipatorische Rangordnung gebracht. (In den Hintergrund rückte damit übrigens auch eine alternative emanzipatorische Logik, die historisch-systematisch etwa Carole Pateman herausgearbeitet und folgendermassen formuliert hatte: Wenn Frauen als Frauen unterdrückt würden, müssen sie als Frauen befreit werden.[23])

Nun war Scotts Bestimmung der Kategorie Geschlecht theoretisch ebenso voraussetzungsreich, wie sie sich in der Praxis als handlich erwies. Das dürfte sich damit erklären, dass sie auch eine eingängige und entsprechend viel zitierte Definition von *gender* vorlegte: als «konstitutives Element sozialer Beziehungen» und «primäre Weise der Kennzeichnung von Machtverhältnissen».[24] Diese Definition kam in einer methodologisch weit streuenden Praxis zur Anwendung. Was auch heisst: Nicht überall, wo sich darauf bezogen wurde, ging es um die Dekonstruktion der Geschlechterdifferenz. In einer Bestandsaufnahme konstatierte Scott 2001 denn auch, «Geschlecht» sei in der Forschung allzu oft zu einem Synonym für «Frauen» und «Männer» beziehungsweise «Geschlechter» mutiert.[25] Sie erklärte dies mit einem theoretisch entkernten Gebrauch der Kategorie, aber auch mit dem

selbstkritischen Befund, dass sie sich bei deren Bestimmung zu wenig auf die körperliche Dimension von Geschlecht eingelassen habe.[26]

Auf jeden Fall traf hier nun die Geschlechtergeschichte eben die Kritik, die sie selbst zuvor an die Frauengeschichte gerichtet hatte: Sie handle von Dingen (Frauen, Männer) statt einer Perspektive auf diese Dinge (Operation der Unterscheidung) und habe so ihre forscherische und kritische Dynamik stillgelegt. Mit Gary Wilder lässt sich darin die Wendung «from optic to topic» erkennen, der kaum eine geschichtswissenschaftliche Wende entkommt.[27] Schliesslich bedingen Optik und Topik einander: Eine Perspektivenverschiebung erschliesst neue Gegenstände, die neue Perspektiven eröffnen. Die Frage ist dann: Wie bleiben sie in dieser Bewegung?

Feministische Geschichte

In aller Regel wird die Wende von der Frauen- zur Geschlechtergeschichte retrospektiv als Fortschritt dargestellt. In einer «schwachen» Variante dieser Darstellung wird gesagt, Frauengeschichte sei immer schon nichts anderes als Geschlechtergeschichte gewesen, insofern als sie, so Eve Rosenhaft, die «Historizität des Frauseins kritisch reflektiert».[28] Die «starke» Variante dagegen lässt die Frauengeschichte als erkenntnistheoretisch naive Korrekturanstrengung erscheinen, von der sich eine zunehmend theoretisierte Geschlechtergeschichte entfernt hat, sodass jedes Zurück nur regressiv sein kann.[29]

Schon früh sind solche Erzählungen – ob als Eingemeindungs- oder Überwindungsnarrativ – kritisiert worden. So plädierte Herta Nagl-Docekal 1993 dafür, frauen- und geschlechtergeschichtliche Ansätze nicht als konkurrierende zu verhandeln, sondern sie auf den gemeinsamen Nenner einer Feministischen Geschichtswissenschaft zu bringen. Beide teilten sich den «Leitfaden des Interesses an der Befreiung der Frau», das für Forschung und Wissenschaftskritik den «Gesichtspunkt» abgebe.[30] Auch Scott plädierte einige Jahre später für diesen Nenner, den sie allgemeiner als eine kritische Historik bestimmte.[31] Für eine solche ist nicht eine Kategorie – Frau, Geschlecht, sexuelle Differenz – bestimmend, sondern die permanente kategoriale Reflexion: Es gilt stets neu zu eruieren, *was* in der Gegenwart die Verhältnisse als selbstverständlich erscheinen lässt und deshalb der Kritik zu erschliessen ist.

Tatsächlich reicht ein solcher gemeinsamer Nenner weit, führt er doch die naturalisierungskritische Ausrichtung des Argumentierens-mit-Geschichte seit dem ausgehenden 18. Jahrhundert weiter, mit dem ich hier die Frauengeschichte habe anfangen lassen. Entsprechend tief ist die Identifizierung mit Naturalisierungskritik in das feministisch-historiographische Projekt eingelassen. Eve Rosenhaft formulierte dieses Selbstverständnis 1996 in paradigmatischer Weise: «Entnaturalisierung, etwa des ‹Geschlechtscharakters›, aber auch der Geschlechtsidentität, führt logischerweise zur Historisierung, zumal wenn dies im Rahmen eines feministischen Projekts geschieht, das auf eine Verwandlung bestehender Verhältnisse hinsteuert und

dabei auf der Wandelbarkeit aller Verhältnisse insistiert.»[32] Im Kern ist dies der Aussagezusammenhang: Historisieren als Aufzeigen von Veränderbarkeit ist eine Operation der Entnaturalisierung. Und umgekehrt: Entnaturalisierung als Aufzeigen von Veränderbarkeit ist eine Operation der Historisierung.

Im Verhältnis zur Bedeutung, die diesem Aussagezusammenhang als Versprechen von Kontinuität und Kohärenz eines feministischen Geschichtsprojekts zukommt, wird er erstaunlich wenig reflektiert.[33] Dabei gälte es zunächst zwei – historisch zusammenhängende – Varianten von Naturalisierungskritik zu unterscheiden. In einer ersten Variante heisst Entnaturalisierung Kritik an vermeintlicher Selbstverständlichkeit: Was «natürlich» scheint, ist es nicht. Nicht zufällig zehrt dieser Wortsinn von der Gegenstandsbezeichnung «Natur», und so heisst Entnaturalisierung denn auch in einer zweiten Variante: Gegenstände aus dem Bereich der Natur, dem sie vermeintlich angehören, überführen in denjenigen der Kultur, dem sie tatsächlich angehören. Darin steckt jedoch eine zutiefst historische Voraussetzung: nämlich die Aufteilung aller Phänomene in einen Bereich der von Menschen autonomen Gesetzmässigkeit (=Natur) und einen der davon ihrerseits unabhängigen menschlichen Willkür (=Kultur).[34] Dass das Postulat der Entnaturalisierung hier ankert, ist folgerichtig, reagiert es doch darauf, wie eine so verstandene Natur in der Moderne zur Legitimation für machtdurchwirkte soziale Ordnungen geworden ist. Wichtig – und im naturalisierungskritischen Reflex oft übersehen – ist jedoch, dass diese Natur historisch spezifisch ist: Es ist eine Natur, die, um Barbara Duden zu zitieren «passiv, unterwerfbar, an sich unbelebt und gehorsam ist, wenn erst ihre physikalischen Gesetze erforscht sind».[35]

«Könnte es sein, dass eine Aktualisierungsmöglichkeit des Projekts feministische Wissenschaft gerade in der Kategorie Frau liegt (und nicht: ihrer Vermeidung)?»

Aus diesem Zusammenhang ergeben sich eine Frage und ein Problem. Die Frage zuerst: Taugt dieser epistemische Ankergrund – hier eine passive, dem menschlichen Handeln entzogene Natur, dort ein von allem Natürlichen befreites Menschenhandeln – weiterhin für die kritische Analyse? Eine feministische Geschichtswissenschaft hat sich diese Frage umso unbedingter zu stellen, als sie sich für die Historizität ihrer Kategorien interessieren muss. Die Frage also lautet: Entzieht sich Geschlechterungleichheit weiterhin der Veränderung, indem sie sich als naturhaft behauptet? Wenn ja: Worauf bezieht sich diese Qualifizierung? Was für eine Natur ist damit gemeint? Wenn nicht: Welche anderen Legitimationen übersehen wir in der Gegenwart – und deshalb vielleicht auch in der Vergangenheit? Und: Legitimieren Naturbezüge immer Herrschaft? Oder wären in der Geschichte auch emanzipatorische Naturbezüge auszumachen?[36]

Ohne eine solche Reflexion wiederholt Naturalisierungskritik im besten Fall, was wir schon wissen (dass nicht Naturgesetze Gesellschaft organisieren); im schlechtesten verhindert sie notwendige Analysen: indem sie ausklammert, was der Entnaturalisierung qua Naturalität nicht zugänglich ist. Schliesslich macht Entnaturalisierung nur Sinn, wenn sie irgendwo auf eine Grenze stösst. Ein Beispiel für solche notwendige Analysen wäre etwa das, was wir «biologische Mutterschaft» nennen. Wie dringlich deren feministische Theoretisierung wäre, zeigt sich in Debatten um die Leihmutterschaft: Ob nun die so genannte biologische Mutterschaft als das nicht näher bestimmbare ganz Andere von Ökonomie aufgefasst wird oder aber als ein rein organischer Prozess, der von anderen angeeignet werden kann – beides entzieht Schwangerschaft und Geburt der Analyse und der Politik.[37]

Mit dieser Ausklammerung sind wir beim Problem: Mit der Natur-Kultur-Trennung handelt sich Naturalisierungskritik auch die epistemologische Sackgasse einer Ontologie ein, die alle Phänomene daraufhin bestimmt, welche Anteile an ihr Natur und Kultur haben. Solche Bestimmungen pendeln dann zwangsläufig zwischen den Polen einer «natürlichen Kultur» (alles Natur) auf der einen und einer «kulturellen Natur» (alles Kultur) auf der anderen Seite.[38] Das gilt auch – und paradigmatisch –

für das Phänomen Geschlecht. Und wie sehr die Debatte in dieser Problematik verfangen bleibt, zeigt sich in der Gegenwart, wo jede Konzeption von Geschlecht permanent ihr Gegenstück mit hervorbringt: auf eine idealistische Konzeption reagiert eine naturalistische, auf eine biologistische eine kulturalistische, auf eine objektivistische eine subjektivistische – und so weiter. Ob konzeptuelle Hybride wie «Natureculture» oder «das Biopsychosoziale» oder aber ein radikalisierter Voluntarismus Ausgänge aus dieser Sackgasse sind, wird sich weisen. Ich bin aus dem simplen Grund skeptisch, dass es aus einer Sackgasse auch in der Mitte keinen Ausgang gibt.

Für Historikerinnen jedenfalls scheint mir etwas anderes interessanter und dringlicher: Dass sie ihr Handwerk für die Problematik nutzbar machen, indem sie sie historisieren. Es lassen sich dafür nicht nur die anthropologischen Debatten um menschliche Naturverhältnisse beziehungsweise um Mensch-Nichtmenschliches aufgreifen. Es lässt sich auch anknüpfen an liegengelassene Stränge der Frauengeschichte, die Naturalisierungskritik mit der Historisierung von Natur verbunden und sich für die Vielfalt von Naturkonzepten interessiert hat.[39]

Natur ist eine Frau

Wenn ich für eine Re-Lektüre frauengeschichtlicher Analysen plädiere, dann nicht nur, weil dort bearbeitete Themen – wie die Natur – in der Gegenwart eine neue Aktualität entfaltet haben. Sondern auch, weil ich einen Gedanken ausprobieren möchte: Könnte es sein, dass eine Aktualisierungsmöglichkeit des Projekts feministische Wissenschaft gerade in der Kategorie Frau liegt (und nicht: ihrer Vermeidung)? Vor dem Hintergrund meiner bisherigen Erläuterungen mag das paradox klingen, stelle ich doch damit *eine* Kategorie in den Vordergrund. Weshalb?

Zunächst aufgrund einer simplen Beobachtung. Das Narrativ einer von der Geschlechtergeschichte überholten Frauengeschichte stand nicht nur von Anfang an in der Kritik. Es ist auch in der Gegenwart fraglich geworden, hat doch eine globale Konjunktur der feministischen Bewegung das Interesse auch an der Geschichte der *Frauen* auf nicht unbedingt erwartbare Weise erneuert. Ebenfalls ist bemerkenswert, wie das seit Ende der 1990er-Jahre in der Akademie erneuerte Interesse für sozioökonomische Analysen der Situationen von Frauen heute auf der Tagesordnung der politischen Praxis steht, namentlich in Form eines Fokus auf Arbeit in all ihren Formen. Paradigmatisch steht dafür etwa die Erneuerung der Protestform Streik als Frauenstreik oder feministischer Streik.

Dass gleichzeitig in der politischen und der akademischen Praxis ein hoch fragmentierter Umgang mit dem Begriff «Frau» zu beobachten ist – der ebenso offensiv genutzt wie ostentativ gemieden wird – sollte zwar nicht erstaunen, aber zum Nachdenken anregen. In der Geschichte der feministischen Kritik ist das nicht neu. So formulierte etwa im Jahr 1849 die Korrespondentin einer feministischen Zeitschrift als Teil eines fiktiven Dialogs folgende Frage: «Was ist eine Frau? – Niemand weiss es.»[40]

Allerdings reicht es nicht aus festzustellen, dass «Frau» immer eine umstrittene Kategorie gewesen ist. Denn es geht bei dieser Frage nicht immer um dasselbe. Als die erwähnte Zeitschrift sie stellte, erläuterte sie das Paradox des universal deklarierten und männlich verfassten Rechtssubjekts. Wird sie heute gestellt, so geht es darum, wie Individuen als Frauen identifiziert werden oder sich selbst als solche identifizieren. Und ob Frauen auch Menschen seien, ist nicht dieselbe Frage wie die, was Menschen als Frauen qualifiziere. Der Unterschied mag spitzfindig und eine Frage der Optik sein. Weshalb versuche ich dennoch, eine historische Differenz aufzuspüren? Weil mich interessiert, was die Selbstverständlichkeiten der feministischen Gegenwart sind. Könnte es sein, so der Gedanke, den ich ausprobieren möchte, dass die Behauptung einer stärkeren kritisch-emanzipativen Hebelwirkung der Kategorie Geschlecht gegenüber der Kategorie Frau eine solche unhinterfragte Selbstverständlichkeit geworden ist?

Hier könnte eine Aktualisierung der Kategorie Frau ansetzen, die zugleich ein *re-visiting* der Geschichte der feministischen Kritik sein müsste.[41] So wäre etwa zu rekonstruieren, wie «Frau» in dieser Geschichte immer wieder auf verschiedene Weisen nicht als Identitätsbehauptung, sondern als Zusammenhangsbegriff funktioniert hat, der als solcher analytische Wirkung entfaltete. So etwa bei der Hebamme und autodidaktischen Sozialphilosophin Jenny d'Héricourt, die 1863 im Modus der Analogie die Frage eines Kontinuums (nicht der Identität) zwischen verschiedenen Formen der Entrechtung aufwarf: «Voilà

le serf! Voilà l'esclave! Voilà le nègre! Voilà l'ouvrier! Voilà la femme!» Die Reihung ist eine Paraphrase: So, argumentiert d'Héricourt, rufen die Mächtigen aus, die all diesen Gruppen Rechte vorenthalten, indem sie ihnen als Unfähigkeit vorwerfen, was doch der herabgewürdigte Zustand ist, in den die Unterwerfung sie versetzt hat.[42] Das Kontinuum zwischen den genannten Gruppen ergibt sich in dieser Analyse aus der Verkopplung von Abwertung und Entrechtung, die sich erst im Blick auf das Kontinuum als verallgemeinerte Herrschaftspraxis erschliesst.

Ein anderes Beispiel wären die Analysen proletarischer Pariser Feministinnen, die in den 1830er-Jahren aufgezeigt haben, wie Arbeit in Form von Mutterschaft Frauen verschiedener Klassenzugehörigkeit verbindet und zugleich in Form von Lohnarbeit trennt. Daraus gewannen sie einen Begriff von Arbeit, der die gerade sich herausbildende kategoriale Trennung von Produktion und Reproduktion unterlief und eine alternative politische Ökonomie barg.[43] Und die feministische Ökonomie des 21. Jahrhunderts weist in ihren Analysen von Sorgeketten – *care chains* – Zusammenhang zwischen verschiedenen Frauen als ein Gefüge von Verflechtung und Trennung auf, wenn sie zeigt, wie die Emanzipation der einen auf der Ausbeutung der anderen beruht.[44]

Selbstverständlich ist ein Gebrauch der Kategorie Frau nie ohne Widersprüche und blinde Flecken, umso mehr als sie in einer feministischen Analyse auch eine politische Kategorie ist. Doch das ist kein Grund, sie zu verwerfen. Das Subjekt «Frau» nämlich funktioniert, mit Dagmar Wilhelm gesprochen, wie jedes Subjekt als ein «negatives»: Es geht nie in einer Beschreibung auf, braucht dennoch einen Begriff und lebt von der Dialektik zwischen diesen Momenten.[45] Nur die Lücke, die hier klafft, schützt vor Verdinglichung. Sie gälte es auszuhalten und genau das scheint heute schwer zu fallen. Symptomatisch sind dafür zwei entgegengesetzte Haltungen: Tabuisierung des Begriffs «Frau» auf der einen und rigide Kodifizierung seiner Bedeutung auf der anderen Seite (einerlei wie diese Kodifizierung inhaltlich ausfällt).

Woher aber rührt diese Unaushaltbarkeit? Ich vermute: Weil einmal mehr die Kategorie Frau defizitär scheint. War sie in den 1980er-Jahren nicht primordial genug und in den 1990er-Jahren nicht dekonstruktiv genug, so entzündet sich das Unbehagen heute an unzureichender Inklusivität. Könnte es aber sein, dass diese Anforderung verkennt, worin die Reichweite einer analytischen Kategorie steckt, die auch emanzipatorische Subjektivität stiftet?

Für diese Frage möchte ich den Sinn schärfen. Immer dann, wenn es heisst «nicht genug», sollten wir hellhörig werden: Weil dann nämlich die Kategorie Frau erstens verdinglicht, also aus einer Perspektive in einen zu definierenden Sachverhalt verwandelt und zweitens in die Position des Partikularen und Besonderen, des nicht Verallgemeinerungsfähigen verwiesen wird. (Nicht unerheblich ist, dass dieser Verweis auch ein Gefühl erzeugt: nämlich Peinlichkeit.) Es ist nun aber genau diese Position beziehungsweise die sich daraus ergebende Perspektive, die einer Kategorie universalisierendes Potenzial verleiht: Weil sie das Allgemeine, das sie in die Partikularität verweist, als ein scheinbares Allgemeines entlarvt und so das Verhältnis umkehrt. Es gibt ja kein Universelles, das irgendwann zu erlangen wäre – weder als Allgemeines, noch als kleinster gemeinsamer Nenner. Universalität ist nichts anderes als eine stets momentane Verschiebung der Wahrnehmung, ein Bruch in der Logik der Dinge: wenn gesehen wird, wie etwas auf sich beschränkt bleibt, gerade *weil* es sich als universell behauptet, und wie etwas über sich hinausweist, nicht obschon, sondern *weil* es partikular ist. Darin liegt die kritische Hebelwirkung der Kategorie Frau in der Geschichte der feministischen Kritik – die notwendigerweise so wiederkehrend ist wie das Nicht-Genug redundant.

Und der wilde Mann Geschichte? Ich schulde Ihnen die zweite Hälfte des Eingangszitats. Sie geht so: «Nature, est une femme.» Natürlich erstaunt uns das nicht. Es provoziert uns. Aber was, wenn wir Michelet gegen den Strich bürsten? Wenn wir es in diesem Zitat nicht um die Naturalisierung von Frauen gehen lassen, sondern um die historiographische Deklassierung der Natur, die als negiertes historisches Subjekt Ausgangspunkt einer kritischen Perspektive auf den wilden Mann Geschichte wäre?

Nie genug davon. Die Lust mit dem Text von Caroline Arni

Sandra Künzi

Ich habe den Text von Caroline Arni schon sechs Mal gelesen, und das Faszinierende ist: Ich bekomme nie genug davon. Ich könnte ihn immer wieder lesen. Auch wenn ich vieles gar nicht verstehe: «historiographisch», «Primordialität», «permanente kategoriale Reflexion», «Naturalisierungskritik», «institutionelle Integration» und «epistemologische Rangordnung». Für Fachleute ist das ja toll, aber für uns Laien ist das wie krasse Mathematik: Jeder Begriff hat eine bestimmte Bedeutung, einen ganz bestimmten Wert, und dieser wird in Sätzen zu anderen Begriffen ins Verhältnis gebracht. Die Sätze sind eine Art Gleichungen und ergeben alle zusammen eine umfassende Gesamtrechnung. Oder so ähnlich. Ich bin ja eben nicht vom Fach. Aber das Wichtigste habe ich glaub verstanden. Nämlich das hier:

1. Die Geschichte ist eine wilde Frau

DIE Geschichte heisst die Geschichte, weil SIE ein wildes Weib ist, mit wettergegerbter Haut und wilden Haaren. So wie in der altmodischen Cowboy-Werbung aber einfach als Frau. Sie ist eine Reisende, die raucht und säuft

Sandra Künzi während ihrer Performance an den Gosteli-Gesprächen,
August 2022

und trotzdem fit und stark bleibt. Sie ist sehr unabhängig und immer in Bewegung, deshalb ist es nicht einfach, sie zu archivieren. Es ist ihr egal, ob man sie kennt oder nicht, denn sie ist vollauf mit der Gegenwart beschäftigt. In jedem Moment. Das Aufzeichnen überlässt sie anderen.

Einmal begegnete die Geschichte in der Wüste einem verirrten Typen, der sie ungläubig anstarrte. Da nahm sie ihre funkelnde Gitarre aus der Satteltasche ihres Gauls namens «Gay-the-horse-be-with-you» und sang: «Free your mind, your ass will follow». Sie konnte zwar sehr schön singen, aber der Mann bekam trotzdem grosse Angst und rannte davon. Weil es ihm so peinlich war, schwieg er über das Geschehene und so fand es nie Eingang in die Geschichtsschreibung. Da nützte es auch nichts, dass es DIE Geschichtsschreibung heisst.

Später begegnete die Geschichte drei provokanten Intellektuellen, sogenannten Eingeweihten, die gerade die «Krise des Subjektes Frau» diskutierten. Sie schrien im Chor: «Ja wisst ihr denn nicht, dass es Frauen gar nicht gibt?» und dazu lachten sie laut und sehr historisch. Diesmal bekam die Geschichte

Angst und rannte davon. Es war zu viel für sie. Oder war sie zu wenig? War sie etwa passé? Scheisse. Das kann der wildesten Frau passieren.

2. Die kurze Geschichte vom Schwanz

Es war einmal ein Schwanz. Der gehörte einem Menschen. Er hing an ihm, und der Mensch mochte ihn auch. Der Mensch dachte, es muss einen Grund geben, dass einige einen Schwanz haben und andere nicht. Er dachte, vermutlich ist das eine Art Orden und alle, die einen solchen an sich hängen haben, sind ausgezeichneter als die ohne. Er freute sich sehr über dieses naturgegebene Glück und die damit einhergehenden Privilegien. Aber dann kam eine Hebamme, die die Hexenverbrennungen überlebt hatte, und sagte: «Hör zu Söhnchen, jetzt werden wir mal 200 Jahre lang alle Menschen gleich erziehen und ihnen die gleichen Rechte geben, und dann schauen wir, was passiert!» Er wollte besorgt fragen, wie sie das meinte, das mit dem «alle gleich erziehen»? Aber sie hatte ihm schon den Rücken gekehrt und das Nötige unternommen. Und nach genau 200 Jahren merkten alle: Es kann nicht am Schwanz liegen.

3. Voll im Fleisch

Die Natur. Das Meer. Der Fluss. Die Tiere. Das Feuer. Wieso sollen wir unsere Geschichte entnaturalisieren, wenn wir doch aus dem Wasser stammen? Aber es ist nicht die Natur, die behauptet, alle Frauen seien «von Natur» aus friedfertig, mütterlich oder unterwürfig oder was auch immer, oder? Nein es sind die Männer oder auch die Frauen, auf jeden Fall sind es die Menschen, die sich oder andere «naturalisieren». Es ist natürlich praktisch, wenn man in süsslichem Tonfall sagen kann «Ah Baby, weisst du, du bist so toll weiblich, so anpassungsfähig und anschmiegsam, wow, bring mir noch ein Bier!». Was soll die arme Frau denn sagen? Fick dich? Je nach Jahrhundert wird sie verbrannt oder geköpft. Es gibt nichts Unnatürlicheres als die «Naturalisierung». Und es gibt auch keine Renaissance, jedenfalls nicht für Frauen, verarmte Bauern, verhungernde Menschen, verfolgte Hexen, nicht für den Grossteil der Menschen. Renaissance is His-Story. Ich bekomme meine Periodisierung. Dazu höre ich Beyoncés «Renaissance». Dann tanze ich in einer glänzenden Ritterrüstung, brustbetont, fast antik, auf der Theke einer eleganten Bar, mit meinen extrem durchtrainierten Oberschenkeln, straffes Fleisch, und an der Theke steht stoisch mein teures Ross. Ebenfalls durchtrainiert. Wir sind beide sehr «naturalisierte» Überwesen, also sehr unnatürlich, aber sehr geil. Und hervorragend ausgeleuchtet. So tanzen wir im Fleisch der Geschichte. Die Ungleichheit der Geschlechter ist nicht selbstverständlich. Sie ist nicht Natur und deshalb ist sie veränderbar.

4. Frau und Gender

Die Geschichte geriet in einen Streit. Eigentlich wollte sie nur in Ruhe ihren Lachs essen, den sie eben im Fluss gefangen und nun kross gebraten hatte, hier auf diesem Feuer unter einem ~~herrlichen~~, ~~dämlichen~~, wundervollen Sternenhimmel. Aber da tauchten plötzlich zwei Gestalten auf, die ganz offensichtlich das Heu nicht auf der gleichen Bühne hatten. Die eine nannte sich «Frau», die andere hiess «Gender». Die erste war sehr erregt und hatte einen roten Kopf, die andere stand ganz gerade da und redete betont cool. Die Geschichte fand es irgendwie schade, dass die beiden keine Kostüme trugen, so wie beim Wrestling. Das hätte dem Ganzen noch die nötige Prise Unterhaltsamkeit verliehen. Sie begann an ihrem Lachs zu kauen, und sah den beiden zu:

Frau: Ich bin ein politisches Subjekt!

Gender: Ich bin auch politisch, aber ich viel mehr als du! Ich bin nicht nur ein Geschlecht, ich bin die Geschlechterverhältnisse.

Frau: Aber du hast keine Brüste!

Gender: Brauch ich gar nicht. Ich hab nämlich Primordialität, ätsch!

Frau: Hör auf so geschwollen zu reden, du Bitch!

Gender: Ha, du hast doch keinen Plan, du binäres Opfer!

Frau: Schnauze, ich dekonstruier dich, du Scheiss-Kategorie!

Dann warf sich die Frau auf Gender, und es gab ein tolles Gerangel. Die Geschichte leckte sich vor Vergnügen die Lippen. Was für dynamische Perspektiven dieser Abend mit einem Mal bot. Vor ihr wälzten sich zwei unterschiedliche, aber gleichermassen attraktive Ladies und packten erbarmungslos

zu. Sie musste nur noch zurücklehnen und geniessen. Von Westen her wehte ein angenehmes Lüftchen.

5. Abwasch

Daraufhin gab es grossen Ärger. Herta Nagl, die Campleiterin, verdonnerte Frau und Gender zum Abwasch für den Rest der 90er, weil sie so saublöd gekämpft hatten, statt den gemeinsamen Nenner zu suchen. «Ihr wollt doch im Grunde dasselbe, oder?» Frau starrte verlegen zu Boden, und Gender zuckte mit den Schultern. Beide hatten Schrammen, Flecken und geschwollene Lippen. Aber Herta Nagl blieb hart: «Ihr wollt beide die Befreiung der Frau, oder?» Schweigen. Also Abwaschen. Zehn Jahre später übernahm eine neue Leiterin das Camp und rief den Teilnehmenden zu: «Wir müssen immer wieder prüfen, was für Ungleichheiten in unserer Gegenwart als selbstverständlich akzeptiert werden! Versteht ihr? Das müssen wir immer wieder kritisch prüfen!» Gender gähnte: «Ok, aber können wir jetzt vielleicht mal den Abwasch abgeben?» Frau nickte: «Ja echt, wir machen das jetzt schon ewig. Es reicht langsam!» Die Campleiterin überlegte: «Na gut, es ist zwar äusserst praktisch, dass immer ihr zwei den Abwasch machen müsst, aber auch diese sich verselbstständigende Ungleichheit ist wohl kritisch zu überprüfen. Denn die Verhältnisse sind veränderbar! Ihr könnt gehen.» Frau und Gender jubelten. Abwaschen war also doch kein naturgegebenes Gesetz. Und die unüberlegte Prügelei legitimierte kein endloses Bestrafen.

6. Sackgasse

Zur gleichen Zeit fragte sich eine Wissenschaftlerin: «Wieso hält sich Geschlechterungleichheit so hartnäckig? Vielleicht weil sie von vielen quasi als naturgegeben gesehen wird? Oder gibt's andere Gründe? Heinomal, was übersehen wir?» Sie kam nicht weiter, zermarterte sich das Hirn und beschloss schliesslich, dass nur noch bewusstseinserweiternde Drogen helfen konnten. Kaum gedacht, war die Geschichte schon zur Stelle, denn damit kennt sie sich aus. Drogen gibt es seit Menschengedenken: Leichte, harte, schnelle, sanfte, tödliche, erotisierende, ängstigende, enthemmende, ach die wunderbare Welt der Sinne. Die Geschichte empfahl der Wissenschaftlerin Pilze mit Psylocybin. Und oh Wunder, da sah sie plötzlich das Problem: Es war eine epistemologische Sackgasse! Eine epistemologische Sackgasse! Unglaublich. Warum sah sie das erst jetzt? Sie tanzte vor Freude über diese Erkenntnis, auch wenn sie keine Ahnung hatte, wie aus dieser Sackgasse rauszufinden war.

7. Die Alte

Die Geschichte ist eine Alte. Sie nervt. Sie beeindruckt. Sie hat viel erlebt. Sie ist gelassen. Sie kennt Wiederholungen. Einmal gibt es «Frauen», dann gibt es sie wieder nicht, dann doch wieder, dann nicht mehr, dann doch wieder aber anders. Das war schon 1849 so.

Was ist eine Frau? Niemand weiss es. Der Begriff Frau hatte schon immer ein Problem.
Der Begriff Mann aber auch.
Und Kinder nerven sowieso ab und zu.

Frau ist ein heisser Begriff!
Wir mögen heisse Frauen.
Wir mögen Begriffe, aber Begriffe sind immer unzureichend.
Das muss man halt aushalten.
Deswegen muss man nicht gleich den ganzen Begriff entsorgen.

Frau ist einfach nie genug.
Einmal ist Frau zuwenig *primordial*.
Dann zu wenig *essenzialisierend*.
Dann zu wenig *inklusiv*.
Sonst noch was?

Frau ist einfach nie genug!
Das scheisst natürlich an.
Es ist doch irgendwie peinlich, wenn man nie genug ist. Nie richtig, nie kompetent.
Frau ist die Kontinuität des Mangels.
Frau ist die Kontinuität verschiedener Formen der Entrechtung.

Und was jetzt?
Aus der epistemologischen Sackgasse hilft nur die epistemologische Iteration.
Oder für Nicht-Historikerinnen wie mich: «Free your mind and your ass will follow.»

Fäden spinnen

Generationengespräch zwischen Biografieforscherin Verena E. Müller und
Lesbenforscherin Corinne Rufli

Corinne Rufli: Verena E. Müller, du bist meine Türöffnerin des Gosteli-
Archivs, mit dir war ich zum ersten Mal hier und mit dir bin ich
am liebsten hier. Du kennst dieses Archiv so gut wie sonst wohl niemand. Du hast mir immer wieder Hinweise gegeben, in welcher
Schachtel ich graben soll, um Spuren der Lesbengeschichte zu finden.
Denn die Spuren sind rar. Du erinnertest dich an Briefe zu einem
Pflegerinnenskandal von 1941, dem du vor zwanzig Jahren begegnet
bist. Nach einem Tag des Stöberns durch Pflegerinnenakten habe
ich die Briefe gefunden. Eine junge Pflegerin wurde aus dem Ausland-
dienst entlassen, da von ihr ein Liebesbrief an eine Frau gefunden
wurde. Für mich bist du das Hirn vom Gosteli-Archiv.

Als Lesbenforscherin fand ich den Weg ins Gosteli-Archiv
lange nicht, es machte für mich einen biederen, staubigen Eindruck,

ich glaubte, hier würde ich nicht fündig. Ein Irrtum, wie sich zeigte.
Verena, was hatte dich ins Gosteli-Archiv geführt?

> Verena E. Müller: Zuerst einmal: Mit dem Alter wird das Lang-
> zeitgedächtnis bekanntlich besser. Insofern profitierst du
> jetzt von meinen ersten Gehversuchen in diesem Archiv.
> Ich bin vor über zwanzig Jahren erstmals hierhergekommen.
> Und es war sehr typisch, ich habe etwas gesucht, das
> ich hier nicht gefunden habe. Aber dafür habe ich Marthe
> Gosteli kennengelernt und sie hat mich beauftragt, die
> kleine Broschüre «Bewegte Vergangenheit» zu ihrem zwan-
> zigsten Archivgeburtstag zu schreiben. Das war eine inter-
> essante Sache, weil ich eine typische Frau des Papiers
> und des Wortes bin, Marthe Gosteli hat sich vor allem für
> die Bilder interessiert. Ich bin sehr papierversessen, du
> machst Oral History, kannst du etwas über den Unterschied
> zwischen Papier und Oral History erzählen?

Corinne: Nachlässe und Dokumente von frauenliebenden Frauen sind
nicht einfach so zu finden in Archiven, da ihre Geschichten nicht
als wertvoll genug erachtet wurden, um aufgeschrieben und aufbewahrt zu werden. Ich musste diese Quellen also selber erschaffen.
Und so habe ich begonnen, lesbische Frauen im Alter über ihr Leben
zu befragen. Bereits nach den ersten Gesprächen hat mir das den
Ärmel reingenommen und ich habe nie mehr aufgehört, Interviews zu
führen. Der Dialog interessiert mich. Diese zwischenmenschliche Beziehung kann mir ein Blatt Papier nicht geben. Dir schon?

> Verena: Und wie! Eigentlich arbeite ich nur über Leute, die
> schon gestorben sind. Ich habe mit der Frauengeschichte
> angefangen bei der ersten Schweizer Ärztin, Marie Heim-
> Vögtlin, und bin dann zur ersten Schweizer Chirurgin, Anna
> Heer, gekommen. Meistens habe ich im Gosteli-Archiv
> nicht gefunden, was ich gesucht habe. Aber dafür habe ich
> etwas anderes gefunden. Ein Beispiel dazu aus der Ge-
> schichte der Pflegerinnenschule: Da habe ich die Buchhal-
> tungen studiert. Es gibt zwei grosse Klatschquellen:

Telefonbücher und Buchhaltung. Das Telefonbuch war nicht vorhanden, aber die Buchhaltung, und da habe ich ganz erstaunliche Dinge entdeckt. Ich wollte eigentlich schauen, was Oberin Ida Schneider gemacht hatte. Herausgefunden habe ich jedoch, dass Anna Heer und Ida Schneider stets unentgeltlich für die Pflegerinnenschule gearbeitet hatten. Ein Vorteil, wenn man alt ist, man sieht die Zusammenhänge vielleicht etwas besser. Denn ich kannte in Zürich noch alte Frauen, denen der Vater verboten hatte, für ihre Arbeit Geld zu nehmen. Und Ida Schneiders Vater war Professor, also war es für seine Familie absolut undenkbar, dass seine Tochter, die oft über zwölf Stunden am Tag arbeitete, für ihre Arbeit je Geld nehmen dürfe. Dass ihre Nachfolgerin, nach diversen Intrigen, ab 1923 nicht mehr wollte, dass ihr Gehalt in der Buchhaltung erscheint, hat mir diese nicht sympathischer gemacht.

Corinne: Was mir an dir gefällt, ist, wie du über deine Quellen sprichst. Es ist, wie wenn diese vor hundert Jahren verstorbenen Frauen noch leben würden. Du machst sie mit deinen Erzählungen wieder lebendig. Wie entsteht deine Beziehung zu diesen Frauen?

Verena: Es ist etwas unheimlich, weil man als Biografin gewisse Dinge nicht weiss. Zum Beispiel habe ich kein Dokument über die private Beziehung von Anna Heer und Ida Schneider gefunden. Das einzige was auf eine sehr enge Beziehung deutet, ist eine grosse, unglaublich teure Reise, die sie in den Norden unternommen haben, nachdem sie sich zwanzig Jahre gekannt haben. Genaueres kann ich dazu nicht sagen. Aber andererseits weiss ich über die Personen mehr, als sie über sich gewusst haben. Das ist ein absolut zwiespältiges Verhältnis.

Corinne: Du hast Anna Heer und Ida Schneider angesprochen, zu ihnen hast du sehr viel geforscht, auch wenn du ihre Beziehung nicht weiter benennst. Dennoch würde ich sagen, du schreibst ebenfalls Lesbengeschichte. Würdest du das auch so sagen?

Verena: Nein, ich mache auch keine Heterogeschichte. Mich interessiert das Berufsleben der Frauen. Dass Marie Heim-Vögtlin mit einem unmöglichen Typen verheiratet war, das nehme ich zur Kenntnis. Aber es ist nicht mein Hauptinteresse. Vielleicht hat das mit meiner persönlichen Situation zu tun. Ich war ein Leben lang berufstätig und weder verheiratet mit einem Mann noch verbandelt mit einer Frau. Wir stellen die Fragen, die aus unserer eigenen Lebenserfahrung kommen. Interessierst du dich denn auch für die berufliche Seite deiner Frauen oder nur für das Private?

Corinne: Das Privatleben ist eben auch politisch. Darum interessiere ich mich besonders auch für dieses Privatleben. Aber nicht nur! Mich interessiert, wie frauenliebende Frauen überhaupt ein unabhängiges Leben führen konnten. Denn weil sie Frauen waren, blieben ihnen viele Ausbildungsmöglichkeiten oder Berufe verschlossen. Wie konnten Frauenpaare an eine Wohnung kommen? Wie konnte eine lesbisch lebende Frau wirtschaftlich und gesellschaftlich (über-) leben – ohne Ehemann?

Verena: Anna Heer stand als unverheiratete Frau besser da als Marie Heim-Vögtlin. Diese hat sehr darunter gelitten, dass ihr Einkommen ihrem Mann gehörte. Ab 1882 waren unverheiratete Frauen nicht mehr bevormundet. Sonst hätte Anna Heer die Pflegerinnenschule gar nicht gründen können. Diese Aspekte des Privatlebens interessieren mich schon auch.

Corinne: Eine Frage zu deiner Arbeitsweise: Wenn du eine Frau im Fokus hast, eine Biografie schreiben möchtest, wie gehst du ganz konkret vor?

Verena: Das ist sehr schwierig. Erstens werden Frauennachlässe nachlässig behandelt. Zweitens, wenn eine Frau keine Kinder hatte, oder eine ledige Frau starb, dann kann man den Nachlass vergessen. Eine unverheiratete Frau ist der Tod jedes Nachlasses. Dazu kommt, dass die Nachlässe von Frauen erst seit relativ kurzer Zeit überhaupt aufbewahrt wurden. Und da muss man Marthe Gosteli ein grosses Kompliment machen. Sie hat ja nicht in erster Linie private Dokumente retten wollen, sondern die Überlieferungen von Frauenvereinigungen. Zuerst einmal der Bund Schweizerischer Frauenvereine. Die privaten Nachlässe kamen erst nachher. Es ist absolut schwierig, zu Frauen

«Wenn eine Frau keine Kinder hatte oder eine ledige Frau starb, dann kann man den Nachlass vergessen. Eine unverheiratete Frau ist der Tod jedes Nachlasses.»

Verena E. Müller

vor 1940 wirklich etwas zu finden. Ich habe auch zu Lina Weissert, der Frau von Eugen Huber, Verfasser des Schweizerischen Zivilgesetzbuches, geforscht. Ihre Tagebücher sind weg, aber dafür wurden die dümmsten Rechnungen von ihm im Bundesarchiv aufbewahrt. Ich wollte nicht wissen, was für eine Versicherung er für seine Flöte hatte. Wir sind immer noch auf grosses Werweissen angewiesen. Daher ist es einfacher, mit lebendigen Frauen zu sprechen. Aber: Die erzählen natürlich, was sie erzählen wollen, wie ich jetzt gerade.

<u>Corinne:</u> Da hast du sehr Recht und da kommt die Historikerin zum Zug, die das Gesprochene einordnen muss. Denn auch ein Blatt Papier erzählt dir, was es will, und du musst es einordnen. Diese Arbeit ist also ähnlich. Doch ich kann die interviewten Frauen am nächsten Tag einfach anrufen, wenn noch eine Frage auftaucht. Je

Corinne Rufli und Verena E. Müller an den Gosteli-Gesprächen, August 2022

länger je mehr interessiere ich mich ebenfalls für längst verstorbene frauenliebende Frauen. Zahlreiche Spuren von ihnen finde ich momentan im Gosteli-Archiv. Zum Beispiel zu den frühen Frauenrechtlerinnen, von denen viele in Frauenbeziehungen lebten. Diese waren oft federführend in der Frauenbewegung. Sie waren freier, hatten meist weder Ehemann noch Kinder zu versorgen. Sie konnten ihre ganze Zeit aufwenden für die Frauensache. Und hier wird es interessant herauszufinden, was für eine Sprache gebraucht wurde, um diese Beziehungen zu beschreiben. Wurden sie als Freundinnen, Kolleginnen, Lebensgefährtinnen beschrieben – und was bedeutet das jeweils?

> Verena: Dazu kommt aber auch die Frage, wie viel erfahren wir über einen hundsgewöhnlichen Mann aus dieser Zeit? Etwas über einen Schreinermeister aus Luzern zu erfahren, ist ebenfalls höchst schwierig. Es ist nicht nur ein Frauen-, sondern ein Menschenproblem. Wir wissen ganz wenig über die gewöhnlichen Leute und ihren Alltag. Insofern hat die Frauengeschichte eine ganz interessante Perspektive für die allgemeine Geschichte eröffnet.

Corinne: Wir müssen die Geschichten von allen Menschen schreiben, wir müssen genau und überall hinschauen, damit wir nicht auf den falschen Weg kommen und nur Menschen beschreiben, von denen die Gesellschaft dachte, die wären jetzt wichtig genug. Darum ist es unerlässlich, diverse Perspektiven einzubringen und so unterschiedliche Menschen sichtbar zu machen.

Freundschaft als Liebe: Die Korrespondenz zwischen Agnes Debrit-Vogel und Cécile Lauber

Tobias Urech

Die innige Freundschaft zwischen der Luzerner Schriftstellerin Cécile Lauber (1887–1981) und der Berner Journalistin Agnes Debrit-Vogel (1892–1974) dauerte 42 Jahre lang – zwischen 1932 und 1974 – und endete erst mit dem Tod der Letzteren. In Agnes' Nachlass im Gosteli-Archiv finden wir rund hundert Briefe, Nachrichten, Postkarten, die von dieser Freundschaft zeugen. Für meine Masterarbeit über frauenliebende Freundinnen bin ich den Spuren dieser Beziehung gefolgt. Die meisten der Briefe stammen aus den 1930er-Jahren und sind von Cécile an Agnes manchmal ganz hastig auf kleine Zettelchen und mit vielen Tippfehlern geschrieben worden. Doch trotz der Eile, in der die Briefe zuweilen entstanden sind, finden wir in jedem einzelnen von ihnen «die grosse Liebe und Zuneigung, die mir von allen Seiten bei Dir entgegen kommt», wie Cécile im Dezember 1933 schrieb.[1]

Aus diesen Schätzen eine Lieblingsquelle herauszupicken, scheint mir ein Ding der Unmöglichkeit, weshalb ich hier einen kurzen collagenhaften Überblick über die Sprache dieser Liebe geben möchte. So nannte Cécile ihre Freundin oft beim Kosenamen «Sternchen» und sprach von einem «nagenden Heimweh»[2], wenn sich die Freundinnen längere Zeit nicht sahen. Die Briefe waren ihr dabei «die liebste Liebkosung, die mir so auf den Tisch schneien kann.»[3] Wenn sich die beiden dann sahen, war Cécile klar: «Dein Besuch hat Freude u. Licht zurückgelassen.»[4] Cécile sprach von einem «warmen Strahl Freundschaft und Liebe» oder betonte: «Ich bin voller Zärtlichkeit für Dich, mein liebes, unersetzliches Sternchen.»[5] Cécile sandte Agnes auch mal «ein Streicheln der Hände»[6] oder ein «feuerrotes Schmützli aufs Ohrläppchen»[7], manchmal auch einen Kuss auf die «viel zu arbeitsamen kleinen Hände»[8], «auf deine Sternchenaugen»[9], «auf Deine liebe Stirne»[10], «auf Deine weichen Wangen und auf den Hals gerade da, wo die kleinen Härchen beginnen».[11] Oder auch «mehr als eine(n) Kuss»[12]: Cécile küsste Agnes «siebenfach»[13] – und sogar «überall, wo Du schön bist».[14]

Die Briefe zeigen auf, wie die «Freundschaft als Lebensform»[15] den beiden Frauen gleichgeschlechtliche Liebe und homoerotisches Begehren ermöglichte – und dies parallel zu ihren jeweiligen Ehen und zum Familienleben. Wir würden Cécile und Agnes heute vielleicht als bisexuell oder lesbisch bezeichnen wollen. Damit ginge man aber wahrscheinlich einem Anachronismus auf den Leim. Denn gerade die definitorisch offene Beziehungsform der Freundschaft erlaubte hier historisch spezifisch eine Liebe, die in Begriffen der Homosexualität nicht so möglich oder gar verfolgt und sanktioniert worden wäre. Von den innigen Freundinnen gab es viele in der Frauenbewegung. Sie lebten oft unbehelligt zusammen und fanden in der jeweiligen Partnerin nicht nur die Liebe ihres Lebens, sondern auch die Möglichkeit, ein selbstbestimmtes Leben abseits patriarchaler Normen zu führen.

Auch unsere beiden Freundinnen wussten um die Macht einer solchen Freundschaft: In einer unveröffentlichten Novelle, die Cécile ihrer Freundin Agnes widmete und von zwei Freundinnen handelte, «die sich mehr geliebt haben als das Leben», schrieb diese nämlich von einem Zauber, der die «zarte Liebkosung einer Frauenhand dem flammenden Sturm der Mannesliebe» vorziehen lässt.[16]

1935

Dienstag Nachmittag,den 15.Jan
O Joggeli,mein liebes Joggeli,denkst Du auch daran,dass jetzt
auf den Balearen und in Afrika die Mandelbäume und die Mimosen
blühn,dass die Bouquenvilliers schon Knospen haben.Ist es nicht
eine Herrlichkeit daran denken zu können und zu denken,dass--
wenn man jetzt drüben wäre--man auch ganz sicher wieder verrückt
wäre.Darum,nimm Dir eine Lehre,bedenke zweimal mit wem Du rei=
sest.
Ich komme gerade aus der Stadt,d.h.ich bin aus meiner Schnee
landschaft die ich heute zweimal ganz verzückt mit Tusche mal=
te,in eine braune Brühe hinabgestiegen.Aber dann auch wieder
hinauf in die Herrlichkeit eines rosenrot vergrähenden Abend=
himmels.
Da liegt nun Dein kleines Briefchen,die liebste Liebkosung,die
mir so auf den Tisch schneien kann.Meine Hyazinthen sind kaum
2 cm hoch,sehr hässlich.Mein Arararutpflänzchen ist am Sterben.
Mein Primelchen will und will nicht blühn,Die Azalee hat alle
Knospen klein und braun.Und ich habe sie gepflegt mit aller
Weisheit,wie ich glaubte,so gehts.Auch die Geranien scheinen
futsch zu sein.Ich habe kein Glück dies Jahr.
Heute schrieb ich den Gensfern ab,d.h.ich verwies sie an Deine
Adresse sagte dass"Fr.Debrit,wenn Sie sie in meinem Namen auf=
fordern,nicht absagen würde"Da hast Dus!Armes missbrauctes
Sternvhen.Anmassung gehört dazu.
Also heute sprichst Du.Gut,ich denke daran.Ich habe ein Feuille=
ton über die Gefangenen auf Procida zu schreiben angefangen.

Genug,Gute Nacht.Ein feuerrotes Schmützli aufs Ohrläppchen.
                                        Dein C——

Herrlich die a,erikan.Landschaften!Kann ich die einmal sehn?

Fabelhaft was Du machen willst.Gratuliere.Das ist nach=
träglich.Amerika.
gegenwärtig allesdenkst
nach=

Brief von Cécile Lauber an Agnes Debrit-Vogel vom 15. Januar 1935, in:
AGoF 530, Schachtel 6

45

«Ich sehe, sie ist ledig ...»

Lesbenforschung in Archiv und Wissenschaft.
Ein Interview mit der Historikerin Corinne Rufli und dem Historiker Tobias Urech

Ruth Ammann

Anlässlich der Gosteli-Gespräche 2022 berichtete Corinne Rufli von ihren Erfahrungen und Funden in Archiven unter dem Titel «Lesbengeschichtsforschung in Heteroarchiven: Ein Einblick». Tobias Urech stellte am Jubiläumsfest am Tag darauf seine Funde im Gosteli-Archiv vor: «Ich habe Dich lieb und küsse Dich überall, wo Du schön bist. Auf den Spuren frauenliebender Freundinnen im Gosteli-Archiv». Vor diesem Hintergrund führte Ruth Ammann, Historikerin und Redaktorin des Historischen Lexikons der Schweiz, die 2009 ihre Lizentiatsarbeit zur Lesbengeschichte in Bern publizierte, ein Gespräch mit den beiden Forschenden.

<u>Ruth Ammann:</u> Ihr macht beide «Lesbengeschichte». Wie seid ihr dazu gekommen?

<u>Corinne Rufli:</u> Über einen persönlichen Zugang. Ich habe früh gemerkt, dass meine Lebensrealität in dieser Gesellschaft nicht sichtbar ist. Auch an der Uni gab es vor zwanzig Jahren nichts zu lesbischen Frauen. Über Forscherinnen wie Madeleine Marti stieg ich ins Thema ein und entwickelte aus jedem Seminar ein Thema zur Lesbengeschichte. Diese Verbindung zwischen persönlichem Engagement und Forschung ist für mich eine grosse Motivation.

<u>Tobias Urech:</u> Bei mir war es ähnlich: Durch mein Engagement bei der Jugendorganisation «Milchjugend» und meine Auftritte als Dragqueen war es naheliegend, mich auch im Studium mit Queer History, Gender und Queerness auseinanderzusetzen. Das war der Grund, warum ich später, als ich bereits Geschichte studierte, auch die Gender Studies für mich entdeckte: Hier konnte ich theoretisch

Corinne Rufli ist Autorin des Buchs «Seit dieser Nacht war ich wie verzaubert. Frauenliebende Frauen über siebzig erzählen» (2015), mit dem sie auf Lesung in Europa ging und das auf ihrer Lizentiatsarbeit an der Universität Zürich basiert. Sie schreibt als Aktivistin und Historikerin für «L-World.ch», das Wiki zur Lesbengeschichte der Schweiz. Seit 2020 doktoriert sie im Rahmen eines SNF-Projekts am Interdisziplinären Zentrum für Geschlechterforschung IZFG an der Universität Bern mit einer Oral History-Arbeit zu Handlungsspielräumen frauenliebender Frauen von der Nachkriegszeit bis zur Lesbenbewegung der 1970er-Jahre in der Schweiz.

Tobias Urech war bis 2022 im Vorstand der Jugendorganisation für lesbische, schwule, bi, trans, inter und asexuelle Jugendliche «Milchjugend» und tritt als Dragqueen Mona Gamie auf. Sein geplantes Dissertationsprojekt an der Universität Basel zu «Freund:innenliebe. Beziehung, Geschlecht und (homo)-sexuelle Subjektivität (1870–1970)» baut auf seiner Masterarbeit über drei frauenliebende Freundinnenpaare nach 1850 mit dem Titel «Mir scheint, eine grosse Freundschaft zwischen zwei Frauen ist Liebe» auf, die er 2022 an der Universität Basel abschloss.

lernen, was ich praktisch tat. Mit den Lesben in der Geschichte setze ich mich vor allem deshalb auseinander, weil mich das feministische Engagement dieser Frauen fasziniert. In meiner Dissertation soll es dann aber um beide Geschlechter – auch in Kontrast zueinander – gehen.

Ruth: Ihr kennt euch und stellt ähnliche Fragen an die Vergangenheit. Gibt es Unterschiede in eurer Forschung?

Corinne: Bei mir steht die Oral History im Fokus. Sonst gibt es viele Ähnlichkeiten: Zu den Frauen, die Tobias für seine Masterarbeit ausgewählt hat, habe ich im Gosteli-Archiv auch schon geforscht. Diese Frauen, die sich selbst nicht als lesbisch bezeichneten und die unserer Gross- und Urgrossmüttergeneration angehören, erlauben uns beiden einen neuen Blick auf die Lesbengeschichte. Sie eigneten sich keine lesbische Identität an und dienten deshalb nicht als Vorbilder für die lesbischen Pionierinnen in der Forschung der 1970er-Jahre. Wir haben als Enkelinnen und Enkel heute die Chance, auch das Verstecken, das Verschweigen sowie die sich darin eröffnenden Handlungsspielräume untersuchen zu können.

Tobias: Ähnlich ist auch unser Hintergrund im Engagement für unsere Community. Bei mir steht, anders als bei Corinne, die Beziehungsform, nicht die Lebensgeschichte im Vordergrund. Für meine Dissertation will ich die gleichgeschlechtliche Liebe von der Freundschaft her denken.

Ruth: Wie kann lesbische Liebe, Zuneigung, Sexualität und Freundschaft aus den Quellen rekonstruiert werden? Was für Quellen verwendet ihr und wie findet ihr sie?

Tobias: Zum Glück konnte ich beispielsweise auf die Arbeit von Regula Schnurrenberger aufbauen, die bereits zu frauenliebenden Frauen wie Meta von Salis und Caroline Farner gearbeitet hatte. Und dann war ich auf das Wissen und die Tipps der Archivarinnen im Gosteli-Archiv angewiesen. Sonst wird es schwierig.

<u>Corinne:</u> Deshalb habe ich früh mit Oral History begonnen. Ich dachte zuerst, ich finde in keinem Archiv, nicht einmal im Gosteli-Archiv, etwas zu Lesben: «Lesbenforschung in Heteroarchiven» habe ich das an den Gosteli-Gesprächen genannt: Das Archiv als Spiegelbild der heteronormativen Gesellschaft katalogisiert und inventarisiert seine Bestände nach Regeln, die lesbische Frauen nicht sichtbar machen. Und das Lesbenarchiv im Sozialarchiv Zürich deckt die Zeit ab den 1970er-Jahren ab. Da ich mich eher für die Frauen einer Generation früher interessiere, merkte ich rasch, dass ich diese Frauen finden und mit ihnen sprechen muss.

Mit viel Zeit und Ressourcen fand ich jedoch auch in staatlichen und anderen Archiven Spuren zu lesbisch lebenden Frauen: Sie sind überall, wir müssen sie nur sehen wollen. Ich habe einen Namen, sehe, sie ist ledig – wobei das nichts heissen muss! Im Moment finde ich lesbisches Begehren bei vielen verheirateten Frauen ... Wenn ich immer wieder über Lehrerinnen stolpere, muss ich halt die Lehrerinnenzeitung anschauen. Oder es eröffnen sich über die Gespräche mit älteren frauenliebenden Frauen Zugänge zu ihren privaten Archiven, das sind Schätze! Die Digitalisierung erleichtert meine Arbeit ebenfalls: Dank E-Periodica, online Zeitungsarchiven und guten Suchoptionen in Archiven kann ich umfangreiche Bestände nach Stichworten durchsuchen, die ich vorher wegen des Arbeitsaufwands kaum angeschaut hätte. Das ist eine grosse Chance für die Lesbenforschung.

<u>Ruth:</u> Das Begehren ist in der historischen Forschung klassischerweise «privat», mitunter anekdotisch, aber auch anstössig. Das ist sicher mit ein Grund, warum sich lesbische Frauen, schwule Männer in der Vergangenheit oft nicht zeigten. Darf die historische Forschung Menschen, die in der Öffentlichkeit standen, nachträglich outen?

Corinne Rufli an den Gosteli-Gesprächen, August 2022

Tobias Urech an den Gosteli-Gesprächen, August 2022

Corinne: Ist es nicht umgekehrt? Wenn «verheiratet» steht, nehmen wir automatisch ein heterosexuelles Begehren an: Aber ist es das wirklich? Die Frage ist doch vielmehr, was aus dem «Privaten» vermittelt wird und was nicht.

«Wir müssen unsere historischen Bilder korrigieren. Auch die 1950er- und 1960er-Jahre waren lesbischer als wir uns das heute vorstellen.»

Corinne Rufli

Müssten wir nicht sowieso mehr danach fragen, wer miteinander lebte, welche Beziehungen tragfähig waren und sind, damit wir uns nicht nur am heterosexuellen Paar orientieren, während alle anderen Konstellationen immer wieder vernachlässigt werden? Auch beschreiben wir in unserer Arbeit die Akteurinnen und ihre Beziehungen genau, zeigen, welches Material vorhanden ist und kategorisieren nicht einfach. Wenn ich auf dem Lesbenspaziergang in Zürich Johanna Spyri einbeziehe, weil sie schmachtende Briefe an junge Frauen geschrieben hat, kann ich damit neue Fragen aufwerfen.

Tobias: Die Frauenpaare, die ich für meine Masterarbeit untersuchte, tauchten alle bereits im Zusammenhang mit frauenliebenden Frauen auf, da stellte sich die Frage nach dem Outing nicht. Nur zu einem Paar – Cécile Lauber und Agnes Debrit-Vogel – gab es meines Wissens bisher noch keine Veröffentlichungen. Da aber ein Briefwechsel aus den 1930er- und 1940er-Jahren zwischen den beiden die enge Freundschaft belegt, sehe ich nicht ein, warum man nicht über eine solche Beziehung schreiben sollte. Das gehört zum historischen Schaffen.

Ruth: Macht es einen Unterschied, ob ihr über homosexuelle Frauen oder Männer schreibt?

Tobias: Für mich persönlich als Historiker nicht. Ich finde beide Perspektiven spannend. Für die historischen Akteurinnen und Akteure bedeutete es aber natürlich, je nach Geschlecht einen völlig anderen Zugang zur Welt und zu sich selbst zu haben.

Corinne: Gesamtgesellschaftlich gesehen waren Frauen Menschen zweiter Klasse. Das wirkte sich auf homosexuelle Frauen besonders aus. Sie lebten viel versteckter, sie mussten heiraten, über weibliches Begehren generell wurde geschwiegen. Deswegen müssen wir andere Fragen stellen, neue Perspektiven entwickeln.

Tobias: Vor der Erfindung der «homosexuellen Identität» um 1870, aber auch noch lange danach gab es neben dem offen homosexuellen Subjekt, das seine Sexualität lebte, andere Formen, wie sich dieses Begehren einen Weg suchte. Mit der Identität «homosexuell» ging eigentlich eine umfassende Normalisierung solcher Lebensformen einher. Das andere, namenlose Begehren hatte viele Schattierungen.

Corinne: Ich behaupte sogar, dass sich die Mehrheit der gleichgeschlechtlich Begehrenden auch im 20. und 21. Jahrhundert nicht der «LGBTIQ-Bewegung» zuordnen lassen: weil ihr Begehren nur im Kopf stattfindet oder im Geheimen oder in einer isolierten Zweierbeziehung, in Mehrfachbeziehungen oder in Freundschaften, für die sie und wir keine Namen haben und die wir uns gar nicht vorstellen können ...

Tobias: ... und wir uns die Augen reiben ...

Corinne: ... genau.

Ruth: Weshalb ist es wichtig, die Geschichte lesbischer Frauen zu kennen?

Corinne: Je diverser die Lebensgeschichten sind, die wir hören und sehen, desto besser. Je mehr wir Geschichten dokumentieren und erzählen, die bis jetzt verschwiegen oder in den Archiven versteckt oder deren Quellen von den Frauen selbst und ihren Nachkommen vernichtet wurden, desto mehr hilft das allen, denn wir funktionieren nicht nach einem Muster. Das sehe ich immer wieder bei meinen Gesprächen mit älteren lesbischen Frauen: Mit diesen Erzählungen können sich sehr viele Menschen identifizieren, egal wie sie begehren!

Tobias: Sichtbarmachung und die Vorbildfunktion sind tatsächlich enorm wichtig. Das strahlt immer auch zurück in die Community, in unsere Identitäts- oder Beziehungsdebatten. Begeben wir uns auf die Suche in der Geschichte, finden wir plötzlich erstaunlich progressive, ja gegenwärtig anmutende Lebensentwürfe – wie zum Beispiel bei Marga Bührig, die bereits ab den 1960er-Jahren in einer Dreierbeziehung mit zwei anderen Frauen lebte und darüber schrieb – ohne allzu grossen Anstoss damit zu erregen. Da fragt man sich: wie ging das?

Corinne: Wir müssen unsere historischen Bilder korrigieren. Auch die 1950er- und 1960er-Jahre waren lesbischer, als wir uns das heute vorstellen. Wenn wir genauer hinschauen, entdecken wir, was hinter dem vermeintlichen Idyll der Kleinfamilie steckt. Normierungen entstehen aus einer Machtposition, die mit den Lebensrealitäten wenig zu tun haben und – im Gegenteil – oft noch machtvoller sein mussten, je diverser die Zeit war. Freundschaften sind ein weiteres Beispiel: Wenn eine Frau nicht verheiratet war, musste sie andere Möglichkeiten suchen, wie sie leben konnte. Da war es naheliegend, mit einer anderen Frau zusammenzuleben, vielleicht ein Kind gemeinsam grosszuziehen, unabhängig davon, welche Intimitäten dazugehörten. Mit der Idealisierung der Liebesheirat gingen solche Lebensformen verloren.

Ruth: Wer soll in Zukunft Lesbenforschung machen? Oder brauchen wir keine Lesbenforschung mehr, sondern andere, breitere Perspektiven, wie zum Beispiel die Queer History?

Tobias: Ich verstehe meine Forschung als einen Teil der Queer History, den man durchaus isoliert anschauen kann. Für mich bleibt aber der Blick auf die Geschlechterverhältnisse interessant. Ich nehme die Abgrenzungen zwischen und innerhalb dieser Forschungsgebiete auch nicht so trennscharf wahr. Mir ist es wichtig, dass wir keine falschen Grenzen ziehen, sondern dass sich die verschiedenen Schwerpunkte und Perspektiven gegenseitig ergänzen können.

Corinne: Lesbenforschung gibt es eigentlich noch gar nicht, sage ich jetzt provokativ, denn sie ist überhaupt nicht institutionalisiert! In der Schweiz gibt es keinen Lehrstuhl für Lesbenforschung, bisher waren es Feministinnen aus der Lesbenbewegung, die geforscht haben, ehrenamtlich. Unterstützung und Ressourcen sind kaum vorhanden. Da muss zuerst einmal etwas geschehen. Gleichzeitig steht die Lesbenforschung in einem Spannungsverhältnis zu den Gender und Queer Studies. Wichtig ist mir die gegenseitige Inspiration. Der spezifische Blick der Lesbenforschung bleibt für mich zentral.

Anmerkungen und Literatur

Haut und Papier, Beharrlichkeit und Phantasie. Quellen für den «Austausch zwischen Lebenden»

1   Michel de Certeau: L'écriture de l'histoire, Paris 1975, S. 74.
2   Interview mit Marthe Gosteli, in: Zeitlupe, September 2011, S. 18.

Nie genug
Das Problem mit der Frauengeschichte

1   Dieser Beitrag ist die leicht überarbeitete Fassung meines Vortrags an den ersten Gosteli-Gesprächen im August 2022. Der mündliche – das heisst: skizzenhafte – Duktus des Textes wurde beibehalten, im Sinn des Gesprächs als Medium des Ausprobierens von Gedanken; entsprechend bleiben historische Beispiele unausgearbeitet und theoretische Rahmungen nur angedeutet.
2   Zit. nach Roland Barthes: Michelet, Paris 1954, S. 130.
3   Caroline Arni u. Thea Rytz: «Die Feministin im Pakt mit dem postmodernen Teufel? Zu Judith Butlers Kritik an der Kategorie Geschlecht», in: Zeitschrift für Kultur, Politik, Kirche, 45, 3, 1996, S. 204–209.
4   Michael Eric Dyson: I may not get there with you. The true Martin Luther King, New York 2000, S. 113.
5   Siehe Seyla Benhabib et al.: Der Streit um Differenz. Feminismus und Postmoderne in der Gegenwart, Frankfurt a. M. 1993. Aber auch die Kategorie «Geschlecht» wurde umgehend auf diese Weise kritisch sondiert; siehe dazu etwa die Ausgabe der Feministischen Studien, 11, 2, 1993.
6   Ich folge in diesem Teil in geraffter Form und etwas anders akzentuiert meiner Darstellung in: Caroline Arni: «Geschlechtergeschichte», in: Jörn Rüsen et al. (Hg.): Handbuch der Historik, Wiesbaden (im Erscheinen).

7   Siehe Natalie Z. Davis: «Gesellschaft und Geschlechter. Vorschläge für eine neue Frauengeschichte», in: dies. (Hg.): Frauen und Gesellschaft am Beginn der Neuzeit, Frankfurt a. M. 1989, S. 117–132; Barbara Stollberg-Rilinger: «Väter der Frauengeschichte? Das Geschlecht als historiographische Kategorie im 18. und 19. Jahrhundert», in: Historische Zeitschrift, 262, 1, 1996, S. 39–72.
8   Zur Geschlechtergeschichte des modernen Rechtssubjekts siehe Joan W. Scott: Only Paradoxes to Offer. French Feminists and the Rights of Man, Cambridge 1996.
9   Joan Kelly-Gadol: «The Social Relation of the Sexes: Methodological Implications of Women's History», in: Signs, 1, 4, 1976, S. 809–823, S. 810.
10 Ebd., S. 814.
11 Klassisch: Michelle Z. Rosaldo u. Louise Lamphere (Hg.): Woman, culture, and society, Stanford CA 1974.
12 Siehe dazu Claudia Honegger: Die Ordnung der Geschlechter. Die Wissenschaften vom Menschen und das Weib, 1750–1850, Frankfurt a. M./New York 1991.
13 Siehe dazu den sogenannten «Streit um die Frauengeschichte», dokumentiert in: Geschichtsdidaktik, 3, 1981 mit Beiträgen von Annette Kuhn u. Jürgen Kocka; Jürgen Kocka: «Kontroversen um Frauengeschichte» (1989), in: Bettina Hitzer und Thomas Welskopp (Hg.): Die Bielefelder Sozialgeschichte. Klassische Texte zu einem geschichtswissenschaftlichen Programm und seinen Kontroversen, Bielefeld 2010, S. 363–369.
14 Zur anhaltenden Prägung der Universität durch diese androzentrische Verfassung der Wissenschaften: Vinciane Despret u. Isabelle Stengers: Les faiseuses d'histoire. Que font les femmes à la pensée?, Paris 2011.
15 Klassisch dazu: Gerda Lerner: The Majority finds its Past. Placing Women in History, New York 1979; Geneviève Fraisse: Les femmes et leur histoire, Paris 1998.
16 Joan Kelly-Gadol: «Did Women Have a Renaissance?», in: Renate Bridenthal

u. Claudia Koonz (Hg.): Becoming Visible, Boston 1976, S. 137–164.

17 Z. B. Kelly-Gadol, Social Relation, S. 812; Lerner, Majority, S. 136; Elizabeth Fox-Genovese: «Placing Women's History in History», in: New Left Review, I, 133, 1981, S. 6.

18 Fox-Genovese, Placing Women's History, S. 14. Hierzu auch: Brigitte Studer: «Überlegungen zu den Kategorien Geschlecht, Klasse und Ethnizität in der Historiographie», in: Gabriella Hauch (Hg.): Geschlecht – Klasse – Ethnizität, Wien 1993, S. 27–38.

19 Vgl. Joan W. Scott in ihrem klassischen Aufsatz «Gender: A Useful Category of Historical Analysis» (1986), wieder abgedruckt in dies.: Gender and the Politics of History, New York 1988 (2. Aufl.), S. 31.

20 Chandra Talpade Mohanty, Ann Russo u. Lourdes Torres (Hg.): Third World Women and the Politics of Feminism, Bloomington 1991.

21 Scott, Gender, S. 22.

22 Ebd., S. 41.

23 Carole Pateman: The Sexual Contract, Cambridge UK 1988.

24 Scott, Gender, S. 42–43.

25 Joan W. Scott: «Millenial Fantasies. The Future of ‹Gender› in the 21st Century», in: Claudia Honegger u. Caroline Arni (Hg.): Gender – die Tücken einer Kategorie. Joan W. Scott, Geschichte und Politik, Zürich 2001, S. 95–116.

26 Weswegen sie sich selbst in der Folge auch der psychoanalytischen Auseinandersetzung mit «sexueller Differenz» zuwandte. Siehe dazu Joan W. Scott: The Fantasy of Feminist History, Durham 2011.

27 Gary Wilder: «From Optic to Topic. The Foreclosure Effect of Historiographic Turns», in: American Historical Review, 117, 2012, S. 723–745.

28 Rosenhaft Eve: «Zwei Geschlechter - eine Geschichte? Frauengeschichte, Männergeschichte, Geschlechtergeschichte und ihre Folgen für unsere Geschichtswahrnehmung», in: Christiane Eifert (Hg.): Was sind Frauen? Was sind Männer?, Frankfurt a. M. 1996, S. 257–274, S. 260.

29 Siehe zu dieser Problematik auch die Reflexion von Céline Angehrn: «Nicht erledigt. Die Herausforderungen der Frauengeschichte und der Geschlechtergeschichte und die Geschichten des Feminismus», in: L'Homme. E.Z.F.G, 28, 1, 2017, S. 115–122.

30 Herta Nagl-Docekal: «Für eine geschlechtergeschichtliche Perspektivierung der Historiographiegeschichte», in: Jörn Rüsen et al. (Hg.): Geschichtsdiskurs Bd. 1: Grundlagen und Methoden der Historiographiegeschichte, Frankfurt a. M. 1993, S. 233–256, S. 244.

31 Joan W. Scott: «History-writing as critique», in: Keith Jenkins, Sue Morgan und Alun Munslow (Hg.): Manifestos for History, London/New York 2007, S. 19–38.

32 Rosenhaft, Zwei Geschlechter, S. 258.

33 Siehe zum selben Befund für die Geschlechterforschung: Tanja Paulitz: «Die Überwindung der Sex/Gender-Unterscheidung als Errungenschaft der Gender Studies? Zur Problematik eines dominanten Narrativs», in: Feministische Studien 2, 21, 2021, 352–372.

34 Zur Geschichte und Kritik dieser Trennung: Philippe Descola: Jenseits von Natur und Kultur, Berlin 2013.

35 Barbara Duden: Geschichte unter der Haut. Ein Eisenacher Arzt und seine Patientinnen um 1730, Stuttgart 1987, S. 35.

36 Siehe zu letzterem Milo Probst: «Mit Klassenkämpfen ins Anthropozän. Naturverhältnisse im französischsprachigen Anarchismus, circa 1870–1914», in: Geschichte und Gesellschaft, 46, 4, 2020, S. 606–633.

37 Anknüpfen können entsprechende Reflexionen nicht zufällig an Arbeiten aus dem Kontext der (historischen) Kritik der Sklaverei. Siehe Hortense J. Spillers, «Mama's Baby, Papa's Maybe: An American Grammar Book», in: Diacritics, 17, 2, 1987, S. 65–81; Alys Eve Weinbaum: The Afterlife of Reproductive Slavery. Biocapitalism and Black Feminism's Philosophy of History, Durham/London 2019.

38   Vgl. Descola, Jenseits von Natur und Kultur, S. 99–142, Zitate auf S. 132.

39   Duden habe ich bereits erwähnt, auch bei Gianna Pomata oder Ludmilla Jordanova liesse sich anknüpfen sowie bei ökofeministischen Autorinnen, die ein Verständnis von Emanzipation als Befreiung von Natürlichem als eindimensionale Konzeption von Natur zurückgewiesen haben. Die in diesem Teil formulierten Überlegungen habe ich seither weiter ausgearbeitet, siehe: Caroline Arni: Die Reichtümer des Körpers. Versuch einer Kritik der Naturalisierungskritik, in: Merkur, 892, 2023, S. 5–17.

40   Claire B.: «De la femme», in: L'Opinion des femmes, 1, 2, 10.03.1849.

41   Das liesse sich auch mit Diskussionen in der Geschlechterforschung verbinden. So plädiert Patricia Purtschert für eine Lösung der Fixierung auf das «Begriffsverhältnis» sex/gender zugunsten anderer solcher Verhältnisse wie zum Beispiel «sex/race» u.a.m. Siehe: Patricia Purtschert: «Staying with the Gender Trouble». Wie wir feministische Theoriegeschichte (nicht) erzählen. Eine Replik auf Tanja Paulitz», in: Feministische Studien, 40, 2, 2022, S. 350–359.

42   Jenny P. d'Héricourt: La femme affranchie. Réponse à MM. Michelet, Proudhon, E. de Girardin, A. Comte et aux autres novateurs modernes, Brüssel/Paris 1860, Bd. 2, S. 124.

43   Siehe Caroline Arni: «Towards a Political Economy of the Maternal Body. Claiming Maternal Filiation in Nineteenth-Century French Feminism», in: Erdmute Albert et al. (Hg.): The Politics of Making Kinship. Historical and Anthropological Perspectives, New York/Oxford 2023, S. 262–290.

44   Wegweisend dazu: Arlie R. Hochschild: «Global Care Chains and Emotional Surplus Value», in: Will Hutton u. Anthony Giddens (Hg.): On the Edge. Living with Global Capitalism, London 2000, S. 130–146.

45   Dagmar Wilhelm: «Frau als negatives Subjekt», in: Karin Stögner u. Alexandra Colligs (Hg.): Kritische Theorie und Feminismus, Berlin 2022, S. 247–264, S. 257.

Freundschaft als Liebe: Die Korrespondenz zwischen Agnes Debrit-Vogel und Cécile Lauber

1   CL an ADV, 4. Dezember 1933, in: AGoF 530, Schachtel 6.

2   CL an ADV, 24. Juli 1935, in: AGoF 530, Schachtel 6.

3   CL an ADV, 15. Januar 1935, in: AGoF 530, Schachtel 6.

4   CL an ADV, 14. Dezember 1934, in: AGoF 530, Schachtel 6.

5   CL an ADV, 23. Juni 1936, in: AGoF 530, Schachtel 6.

6   CL an ADV, (undatiert), in: AGoF 530, Schachtel 29.

7   CL an ADV, 15. Januar 1935, in: AGoF 530, Schachtel 6.

8   CL an ADV, 23. April 1935, in: AGoF 530, Schachtel 6.

9   CL an ADV, 14. Dezember 1935, in: AGoF 530, Schachtel 6.

10   CL an ADV, (undatiert), in: AGoF 530, Schachtel 29.

11   CL an ADV, 8. März (ohne Jahr), in: AGoF 530, Schachtel 29.

12   CL an ADV, 16. April 1935, in: AGoF 530, Schachtel 6. Hervorhebung TU.

13   CL an ADV, 30. Oktober (1933), in: AGoF 530, Schachtel 29.

14   CL an ADV, 21. März 1936, in: AGoF 530, Schachtel 6.

15   Michel Foucault: «Freundschaft als Lebensform», in: ders.: Ästhetik der Existenz. Schriften zur Lebenskunst, hg. von Daniel Defert u. François Ewald, Frankfurt am Main 2017 (1981), S. 68–73.

16   Cécile Lauber: Arabische Novelle, Fragment, 1938, in: Zentral- und Hochschulbibliothek Luzern, ZHB LU, Ms N 16, Schachtel 30, S. 1.

Impressum

Inhalte und Redaktion
Gosteli-Stiftung – Archiv zur Geschichte der
schweizerischen Frauenbewegung, Worblaufen
Fabienne Amlinger, Lina Gafner, Simona Isler

Konzept & Gestaltung
volta studio, Bern in Zusammenarbeit mit Sina Egli

Illustrationen
volta studio, Bern

Fotos
Sabine Burger, S. 5, 21, 30, 40, 51.
Adrian Moser, S. 12

Schrift
New Edge 666 und New Edge 666 Rounded,
Charlotte Rohde